공이 안 맞을 때 꺼내보는 골프책

공이 안 맞을 때 꺼내보는 골프책

초판인쇄 2025년 8월 13일
초판발행 2025년 8월 27일
지은이 강지만 박태성 오상민
펴낸이 오상민
펴낸곳 신사우동 호랑이
출판등록 제 2021-000034호
주소 서울시 마포구 마포대로 14길 19-1, 그랜드빌딩 4층
전화 010-5744-8581
팩스 0504-385-8581
전자우편 sin_tiger@naver.com
블로그 blog.naver.com/sin_tiger

ISBN 979-11-976786-9-1 (13690)
ⓒ강지만 박태성 오상민 2025

● 잘못된 책은 바꾸어드립니다.
● 이 책은 저작권법의 보호를 받는 저작물입니다. 무단 전재와 복제를 금합니다. 이 책의 전부 또는 일부를 이용하려면 반드시 사전에 신사우동 호랑이의 동의를 받아야 합니다.
● 원고 투고는 위 이메일로 보내주세요. 독자 여러분의 소중한 글을 기다리고 있습니다.

책을 펴내며

의식과 무의식

 골프를 잘하려면 생각을 줄여야 한다. 불필요한 생각이 무의식 영역을 침범하면 어색한 스윙이 나온다. 짧은 거리 퍼트를 놓치거나 어처구니없는 실수의 원인이 된다. 아무 생각 없이 기계처럼 플레이하라는 뜻이 아니다. 솜씨 좋은 골퍼라면 의식과 무의식이 서로의 경계를 넘지 않도록 조율할 수 있어야 한다. 무의식이 의식의 역할을 빼앗지 않도록 하고, 의식은 무의식의 역할에 개입하지 못하게 해야 한다.

 그러나 내 몸이라도 의식과 무의식을 뜻대로 조율하기는 어렵다. 무의식으로 움직여야 할 동작에서 의식이 난데없이 불쑥 튀어나오기도 하고, 의식적이어야 할 동작이 무의식으로 처리되는 일이 빈번하게 발생한다. 이사한 뒤에 생각 없이 길을 걷다가 전에 살던 동네로 가버리는 실수처럼 말이다. 골프 스윙도 오랫동안 잘못된 궤도로 연습하면 스윙을 고친 뒤에도 중요한 순간마다 잘못된 궤도를 그려 스코어를 잃고 만다. 스윙을 완전히 고쳤다고 생각했지만, 뇌는 아직도 이전의 잘못된 궤도를 기억하고 있다는 증거다.

중요한 순간마다 잘못된 스윙이 나오지 않게 하려면 바른 궤도로 더 많은 연습을 해야 한다. 잘못된 궤도를 밀어내고 바른 궤도가 뇌에서 넓고 깊게 뿌리내릴 때까지 바른 동작을 오랫동안 꾸준히 반복해서 연습하는 것이다. 그렇게 해야 의식과 무의식의 역할이 분명해진다.

오랫동안 심층 연습으로 숙달된 동작은 자전거 페달을 밟을 때처럼 의식과 무의식의 경계가 탄탄하게 유지된다. 처음 자전거에 올라타 첫 페달을 밟을 때와 방향을 바꾸고 속도를 줄이는 동작이 아니고서는 의식이 개입하지 않는다. 무의식에서 페달을 밟아도 자전거는 쓰러지지 않고 앞으로 잘 나아간다. 골프 스윙에서도 타깃과 목표가 정해졌다면 그때부턴 생각을 멈추고 무의식에서 스윙할 수 있어야 한다. 그것이 이 책의 주요 테마이자 골프에 한 번 더 눈을 뜨게 하는 비결이다.

  이 책은 나의 소회이자 20년 넘게 써온 운동일지 속 영업 기밀이다. 투어에서 뛰었던 경험과 아카데미를 운영하고 여러 사람을 지도하면서 얻은 지식과 교훈의 총본산이라고 할 수 있다. 이제 막 골프에 입문한 아마추어 골퍼부터 투어에서 뛰는 프로골퍼까지 모든 골퍼의 눈높이에 맞는 내용을 선별해서 이해하기 쉽게 정리했다. 흔한 골프 레슨과 모호한 이론은 다루지 않았다. 책 제목처럼 공이 안 맞을 때마다 쉽고 편하게 꺼내보는 골프책이다. 정체기에 있거나 슬럼프를 겪고 있는 사람, 골프가 어렵게 느껴지는 이 세상 모든 골퍼가 이 책을 통해서 자기반성과 성찰의 시간을 가졌으면 하는 마음으로 열심히 준비했다. 글이나 표현이 조금 서툴더라도 너그러운 이해를 부탁드린다.

프로골퍼 **강지만**

책을 펴내며

찰나의 힐링

 사진은 일상과 사건의 기록이다. 찰나의 순간을 어떻게 담아내냐에 따라서 일상과 사건에 대한 해석이 달라진다. 같은 날 같은 장소에서 같은 장면을 찍어도 앵글에 따라 느낌이 다르다. 글로는 표현하기 힘든 사건의 기록도 단 한 장의 사진으로 쉽게 이해시키고 감동도 줄 수 있다. 그것이 문자 기록물과는 다른 사진 기록물의 특성이다. 사진을 찰나의 예술이라고 부르는 이유이기도 하다.

 이 책에 실린 사진의 주제는 '힐링'이다. 마음의 안정과 행복, 평온함, 편안함, 즐거움, 웃음, 긍정을 떠올리게 하는 사진들을 선별했다. 특별함은 없다. 특별한 일상도, 특별한 사건도 없다. 평범한 일상 속 평범한 기록들이다. 골프장에서 라운드하는 사람들과 조형물, 골프장 코스와 주변 경관, 코스에 조성된 꽃나무, 골프장에 마실 나온 야생동물, 골프 대회에 출전한 남녀 선수들의 플레이 모습처럼 평범한 일상의 경계를 넘지 않는 소재들이다.

평범함에 초점을 맞춘 이유는 평범함 속에서 행복과 평온함, 편안함, 마음의 안정을 찾는 것이 가장 균형적이고 건강한 쾌락이라는 기획자의 의견에 따른 것이다. 매일 일상적으로 접하면서도 놓치고 있던 찰나의 힐링들을 마치 보물찾기하듯이 찾아냈다. 글로는 이해하기 어려운 찰나의 감성을 느끼면서 감상해주었으면 하는 바람이다. 찰나의 순간에 담긴 찰나의 힐링을 찾는 데 도움이 되도록 사진 한 장 한 장에 간단한 설명과 의미를 덧붙였다. 길게는 10년 이상 지난 사진도 있으니 시의성과는 무관하다. 스폰서가 바뀐 선수도 있고, 코스 조경도 많이 바뀌었을 것이다. 사진의 미적인 측면에만 초점을 맞춰서 감상해주길 바란다.

나는 30년 넘게 거의 하루도 거르지 않고 사진을 찍고 있다. 길고도 짧은 시간에 수많은 일상과 사건을 카메라에 담았다. 사진 한 장 한 장이 나의 행복이자 자부심이었다. 늘어나는 사진만큼 자부심도 쌓여갔다. 쑥스럽지만 이 책을 통해서 나의 일생 기록을 공개하고자 한다. 생애 첫 사진집인 셈이다. 책이 나올 수 있도록 협조해준 분들에게 진심으로 고마운 마음을 전한다. 특히 언제나 든든한 내 편이자 삶의 원천이 되어준 가족과 동료, 선후배 기자들, 고인이 되신 손석규 이사님, 그리고 나의 앵글 속 주인공이라고 할 수 있는 남녀 프로골프선수들과 후원사 관계자 여러분에게 다시 한번 머리 숙여 감사의 인사를 드린다.

골프전문 사진기자 **박태성**

책을 펴내며

골프의 뇌과학

 레슨서가 아니다. 멘탈 서적도 아니다. 골프의 기초와 원리를 쉽고 재미있게 풀이한 골프의 뇌과학이다. 원제목도 『골프의 뇌과학』이었다. 골프와 뇌과학을 골자로 뇌과학이 관통하는 골프의 원리와 현상들을 취합·정리했다. 골프와 뇌과학의 조합이 다소 생소할 수는 있겠으나, 골프라는 스포츠에서 뇌과학이 관통하지 않는 영역은 없다. 모든 현상의 원리는 뇌과학에서 시작한다.
 골퍼는 한 라운드에도 수많은 착각과 실수를 반복한다. 라운드 내내 곁을 지키는 캐디가 그것을 지적하고 바로잡아주어도 골퍼는 따르지 않는다. 골퍼의 주관적 신념이 굳어져서 캐디의 객관적이고 종합적인 사고를 받아들이지 못하는 것이다. 이럴 땐 고집불통이라는 말을 하는데, 사실은 주관적 신념이 파괴됐을 때 맞닥트리게 될 혼돈과 혼란을 피하려는 뇌의 저항이다. 주관적 신념이 무너졌을 때의 혼란을 감당할 준비가 덜 된 사람일수록 더 고집스럽고 방어적인 태세를 보인다.

주관적 신념에 사로잡혀 경기를 망치고 싶지 않다면 객관적이고 종합적인 눈으로 골프를 바라봐야 한다. 때로는 플레이어가 아닌 캐디의 눈으로, 갤러리의 눈으로, 시청자의 눈으로, 골프 팬의 눈으로, 평론가의 눈으로 바라보면 어색하고 서툴고 세련되지 못한 플레이가 하나씩 눈에 들어온다. 실수와 실패의 원인이 보인다. 원인과 원리를 제대로 이해하지 못하면 멀쩡한 스윙을 고치고, 골프채를 바꾸고, 애꿎은 캐디 탓만 한다. 골프를 잘하려면 이론, 특히 뇌과학을 공부해야 하는 이유다.

그러나 『골프의 뇌과학』이라는 제목이 무겁고 부담스럽다는 두 저자의 의견을 받아들여서 제목을 원점에서 다시 생각하게 되었다. 실제로 뇌과학을 깊이 있고 전문적으로 다룰 계획도 없었다. 최종적으로 제목에서 뇌과학을 빼고

『공이 안 맞을 때 꺼내보는 골프책』이라는 직관적 제목으로 정하게 되었다. 첫 기획 회의에서 내세웠던 기획 의도가 제목이 된 것이다. 대신에 부제목으로 '세상에서 가장 쉬운 골프의 뇌과학'이라는 문구를 넣기로 했다.

콘텐츠는 4부로 구성했다. 프로골퍼, 프로 지망생, 아마추어 상위 레벨, 골프 입문자로 나누어 각각의 레벨에 맞는 내용으로 채웠다. 모든 파트는 제목에서 질문을 던지면서 시작한다. 공이 안 맞을 때마다 점검했으면 하는 사항들을 제목으로 채택한 것이다.

원고는 세 저자가 각자 맡은 파트를 정리하고 수차례 대차 검증한 뒤에 뇌과학 관련 도서들을 참고하거나 인용하면서 내용을 보강했고, 마지막엔 하나의 문체로 통일했다. 거기에 힐링을 테마로 한 골프 사진을 덧붙이면서 한 종의 책이지만, 사실상 두 종의 책이 되었다.

책을 기획하고 인쇄하는 데까지 꼬박 2년이 걸렸다. 세 저자의 의견과 일정을 맞추고 출간 시기를 조율하기가 쉽지 않았다. 2년 사이에 각자 크고 작은 개인사를 겪으면서 작업을 일시 중단하기도 했으나, 우여곡절 끝에 세 사람의 합작품이 탄생하게 되었다. 눈에 보이는 현상만을 열심히 쫓는 기존 골프 관련 도서들과는 달리 원리와 원인 분석에 초점을 맞춰 해결책을 제시한 골프책이라는 점에 의미를 부여하고 싶다. 더 많은 사람이 좀 더 효율적으로 운동하면서 골프를 오랫동안 건강하게 즐기는 데에 이 책이 널리 활용되었으면 하는 바람이다. 더 나아가 '골프의 뇌과학'과 관련한 연구가 좀 더 심층적으로 이루어져서 선수들의 경기력뿐만 아니라 스포츠 과학 분야에서도 비약적 발전을 이룰 수 있도록 학계의 관심이 필요한 때라고 생각한다. 부족하지만, 많은 관심과 격려를 부탁드린다.

스포츠 레저 칼럼니스트 **오상민**

차례

책을 펴내며	의식과 무의식	4
책을 펴내며	찰나의 힐링	7
책을 펴내며	골프의 뇌과학	10

Chapter 1 — 프로 골퍼에게

입스가 있는가	20
외상 후 스트레스 장애가 있는가	26
암묵적으로 학습했는가	31
연습량은 적당한가	36
저스틴 토마스의 비거리 비결을 이해하는가	41
운동일지를 쓰고 있는가	46
당당하게 빨리 걸었는가	51
바른 자세를 유지했는가	55
표정 관리는 잘 했는가	59
코어 근육을 단련했는가	63
멘탈 근력을 단련했는가	67
어디서든 숙면할 수 있는가	72
질 좋은 휴식을 취했는가	77
혼자 되는 것이 두려운가	82
코로 호흡했는가	85
자존감이 낮은가	90
어디에 소속되어 있는가	94
누군가를 질투해본 적이 있는가	98

루틴을 전략적으로 활용할 수 있는가	102
시차 적응에 실패했는가	107
잘 맞는 코치가 곁에 있는가	112
운동의 목적이 땀 흘리기인가	116
머릿속 시뮬레이터를 가동하고 있는가	120
훈련방법은 다양한가	124

Chapter 2
프로 지망생에게

연습생 생활을 하고 있는가	130
실전 코스에서 얼마나 라운드했는가	135
신체 리듬을 조절할 수 있는가	140
각성 수준은 최적인가	145
코스 레이아웃의 매커니즘을 이해했는가	149
라운드 후 복기는 했는가	153
성실성의 목적을 제대로 이해했는가	159
좋았던 샷감을 잃어버렸는가	163
현실 스코어를 자각하고 있는가	168
유튜브 영상을 보며 독학하는가	173
캐디의 눈으로 본 적이 있는가	178
목표와 계획은 구체적인가	183
일일 계획은 세웠는가	187
플라시보 효과를 경험했는가	190
대장은 튼튼한가	195
골프 이론을 공부하는가	200
골프에 집중할 수 있는 환경인가	204

착시 대처 방법은 있는가	208
목표를 높게 잡았는가	212
술을 멀리했는가	217

Chapter 3
아마추어 상위 레벨에게

음악을 들으면서 운동하는가	222
근력 운동을 망설이는가	228
기본에 충실했는가	233
연습장 명당 타석을 찾는가	239
캐디에게 얼마나 의존하는가	244
메트로놈을 활용하는가	249
충분한 보상은 받았는가	252
신체지도를 알고 있는가	256
이미지트레이닝은 어떻게 했는가	260
나쁜 습관은 없는가	265
골프선수의 인지 지도를 알고 있는가	270
기계에 의존하고 있는가	274
커피를 즐기는가	279
감정 조절은 잘 되었는가	283
당신의 경험과 연륜을 믿는가	287
라운드 중 수분 섭취는 충분한가	292
몰입하는 연습을 하는가	296
라운드 중에 어떤 생각을 하는가	301
실력 향상에 한계를 느끼는가	305

Chapter 4
골프 입문자에게

골프에 재능이 없는가	310
전동카트 없이 라운드할 수 있는가	316
여자라서 힘들다고 생각하는가	321
성공으로 가는 지름길을 찾는가	326
드라이버샷 연습방법은 효율적인가	330
능동적으로 훈련했는가	334
운동을 늦게 시작했는가	338
운동 전후 스트레칭은 했는가	343
연습을 미룬 적이 있는가	347
골프를 잘할 수 있는 환경인가	351
플레이 기복이 심한 편인가	355
반복연습을 얼마나 했는가	359
골프를 독학하고 있는가	363
닮고 싶은 사람이 있는가	367
주변에 잘하는 사람이 있는가	371
정체기인가	375
그린 주변 플레이에 자신감이 있는가	379
필드 경험은 많은가	383
실전에 유난히 약한 편인가	387
골프가 즐겁지 않은가	391
주	396

2019년 1월 미국 플로리다주 올랜도의 레이크부에나비스타 포시즌 골프&스포츠클럽에서.

Chapter 1

프로골퍼에게

입스가 있는가

골프로 성공하려면 신체적 힘보다 정신력과 인격을 더 길러야 한다.
아놀드 파머 *Arnold Palmer*

실수한 곳에서 계속해서 실수한다. 불안한 생각이 계속 들기 때문이다. 이것을 대뇌피질 불안Cortical anxiety이라고 한다. 대뇌피질이 과도하게 활성화되면 일어나는 현상이다. 불안을 회피하면 상태는 더 나빠져서 입스Yips의 원인이 되기도 한다.

입스라는 단어를 처음 쓴 사람은 스코틀랜드의 전설적인 골퍼 토미 아머Tommy armour로 알려져 있다.[1] 골프선수에게 입스는 말기 암처럼 여겨진다. 입스로 인해 깊은 슬럼프에 빠져들고, 결국 은퇴를 결심하는 선수가 많다. 경력이 20년 이상 된 골퍼의 25~50%는 입스를 경험했거나 입스 증상을 보인다고 하니 프로골퍼에겐 두려운 존재가 아닐 수 없다. 슬럼프 한번 없이 꾸준히 잘 버텨온 선수가 입스 한 번으로 선수 생활을 마감하는 일도 적지 않다. 골프선수의 은퇴 원인 중 상당한 비율을 차지하는 것이 입스다.

골프황제 타이거 우즈Tiger woods도 혹독한 입스를 경험했다. 섹스 스캔들이 붉어진 2009년 11월부터 깊은 슬럼프 수렁에 빠져들더니 10년 넘게 메이저 대회 우승컵을 들어 올리지 못했다. 그린 주변에서 평범한 칩샷을 할 때 몇 차례 어처구니없는 실수를 범했는데, 그것이 입스로 이어진 듯하다는 게 우즈의 코치였던 행크 해니Hank haney의 추측이었다.

이처럼 골프선수에게 혹독한 병이 입스이지만, 제대로 알고 보면 단순하기 이를 데 없는 증상에 불과하다. 우선 입스가 왜 생기는지 생각해보자. 입스는 타고나는 것이 아니다. 원인이 있어서 발생한다. 골프에 처음 입문했을 때를 생각해보면 더 쉽게 이해할 수 있다. 그때도 입스가 있었는가? 당연히 없었다. 어떤 사건과 경험이 입스의 원인이다. 아무런 경험이 없고 생각도 없다면 불안도 없다. 늘 해맑은 아기처럼 말이다. 그러나 학습과 경험이 쌓이면 불안이 늘어난다. 즉, 나이가 젊을수록 불안이 없고, 많을수록 불안이 많다. 경험이 많은 프로골퍼에게 입스 증상이 더 많이 나타나는 이유가 그것이다.

그렇다면 입스에서 벗어나려면 어떻게 해야 할까. 해답

은 이미 나왔다. 생각을 줄이는 것이다. 물론 무작정 생각을 줄일 수는 없다. 부정적이고 불필요한 생각을 걸러내야 한다. 대표적인 것이 피해의식이다. 입스는 당신에게만 나타나는 특별하고 불운한 현상이 아니다. 누구에게나 나타난다. 입스가 찾아왔다고 해서 무기력하고 절망하고 낙담할 필요도 없다. 원인만 제대로 알면 얼마든지 극복할 수 있다.

우선 입스가 왜 왔는지부터 생각해보자. 입스는 과거의 특정 사건에서 왔을 수도 있고, 지나치게 생각하고 걱정해서 없던 문제가 생긴 것일 수도 있다. 자기관찰을 통해 원인을 찾아 제거해야 한다. 스스로 불안 요소를 내려놓는 것이다. 자기 문제를 자신보다 잘 아는 사람은 없을 테니까.

입스 불안을 해결하는 가장 좋은 방법은 적극성이다. 공이 잘 안 맞으면 사람들 눈을 피해서 연습하는 사람이 있다. 소심하고 긴장감이 크고 대담하지 못한 사람이다. 이런 소심하고 소극적인 성격의 소유자들은 입스를 쉽게 극복하지 못한다. 입스 불안을 회피할수록 증상은 더 악화한다. 달아날수록 해결점에서 멀어지기 때문이다. 절대로 회피하면 안 된다. 실수하더라도 부딪혀서 문제를 해결해야 한다. 실수해도 좋으니 오히려 더 많은 사람이 있을 때, 더 많은 사람이 보는 가운데서 연습해라. 내 스윙을 많은 사람에게 당당하게 보여줘라. 그러면 나도 모르는 사이에 문제와의 거리가 좁아지고 자신감 영역이 확대되면서 서서히 입스에서 벗어날 수 있다.

보스턴대학교 정신의학자이자 트라우마 전문가인 베셀 반 데어 콜크Bessel van der kolk 교수는 자신의 저서 『몸은 기억한다』에서 단순히 도망갈 기회가 주어진다고 해서 트라우마에 사로잡힌 동물이나 사람이 자유를 찾아가지는 않는다. 위험이 따를지도 모르는 새로운 방법을 택하는 대신 익숙한 두려움에 갇혀 있으려[2] 한다고 주장했다. 트라우마에서 벗어나는 순간 또 다른 위험이 도사리고 있을지도 모른다는 불안으로 인해 트라우마에서 벗어나려는 노력조차도 하지 못한다는 것이다.

결국, 입스의 불안에서 벗어나고 싶다면 트라우마와 맞설 용기가 있어야 한다. 맞서 싸우는 신체 언어를 배우는 것(특히 트라우마를 겪은 이후)은 안전에 관한 체화된 감각을 만드는 데 도움을 준다.[3]

좋지 않은 기억이나 경험을 일부러 떠올리는 것도 하나의 방법이다. 처음에는 힘들지만, 그 기억이 노출됨으로써 점차 고통은 줄어들어 일상에서 고통과 함께 살아가는 방법을 터득하게 된다.

즐기면서 편안한 마음으로 임하는 자세도 중요하다. 그러기 위해서는 긴장을 증가시키거나 문제를 일으킬 만한 행동은 삼가는 것이 좋다. 다른 곳에서 만들어진 불안이 자신에게도 영향을 주는데, 예민한 사람에게는 더 큰 영향으로 다가온다. 실수하더라도 다음 홀이나 타석에 영향이 미치지 않도록 마음의 훈련을 하는 것이 좋다. 스스로 이 일을 즐기면서 하고 있다는 마음가짐이 무엇보다 중요[4]하다.

또 한 가지는 근력을 키우는 것이다. 근력을 키우면 불안은 줄어들고 우울감이 완화되며 자존감이 높아진다. 근력 강화를 위해 대단한 기구가 필요한 것은 아니다. 자신의 체중만 이용해도 큰 효과를 볼 수 있다.[5] 근력과 골프 스윙에 대해서는 다음 파트에서 좀 더 자세하게 설명하겠다.

시선을 조금만 돌려봐

미국 플로리다주 올랜도의 레이크부에나비스타 포시즌 골프&스포츠클럽 18번홀 연못에 낯선 세계가 펼쳐졌다. 이채롭고 평온해 보인다. 그 위에선 치열한 승부의 세계가 펼쳐지고 있었다.

외상 후 스트레스 장애가 있는가

골프는 공을 치는 게임이 아니라 자신을 다스리는 게임이다.
보비 존스 *Bobby Jones*

외상 후 스트레스 장애Post traumatic stress disorder · PTSD를 앓고 힘들어하는 골프선수가 많다. 한때 잘 나가던 선수가 단 하나의 사건으로 긴 슬럼프에 들어가더니 PTSD 진단을 받고 필드를 떠나기도 한다. 겉으로 아무런 이상이 없어 보이지만, 깊은 슬럼프에서 좀처럼 헤어나지 못하는 무서운 질환이다.

PTSD가 극복하기 어려운 이유는 과거에 경험했던 강렬한 정신적 쇼크나 스트레스가 장기기억[6] Long-term memory에 보관되기 때문이다. 뇌에 장기기억으로 남은 정보는 시간이 오래 지난다 해도 쉽게 사라지지 않는다. 반복연습을 통해서 무의식중에도 수행할 수 있는 동작들은 평생 잊히지 않는 것과 똑같다. 과거의 충격적 경험이 순식간에 벌어진 일이라고 해도 너무나도 큰 충격으로 인해 뇌에 각인되면서 단기기억Short-term memory을 거치지 않고 장기기억으로 옮겨진 결과다.

과거의 좋지 않은 기억들만 지워버릴 수 있는 기술이 있다면 좋겠지만, 현대 의학으로는 불가능한 일이다. 문제는 과거의 좋지 않은 기억이 시시때때로 되살아나 정신적 고통을 준다는 점이다. 이것을 플래시백Flashback이라고 한다. 아주 사소한 계기로 기억이 되살아나기도 하고, 아무런 예고도 계기도 없이 불쑥 찾아오기도 하는 불청객이다.

PTSD와 트라우마는 약간 다르다. PTSD는 좋지 않은 사건을 경험함으로써 수반되는 공포감과 우울증, 충동 장애 등이라면 트라우마는 좋지 않은 사건으로 인해 자존감·자신감 하락, 심박수 상승, 부끄러움·수치심 따위를 느끼는 단계라고 할 수 있다. PTSD의 전조 증상 중 하나로, 트라우마가 계속되면 PTSD로 이어지기도 한다.

인터넷 검색을 하다 보면 'PTSD 극복 후기'라는 글을 종종 볼 수 있다. 한 가지 예를 들면 벙커샷 트라우마를 해변에서 이틀간 맹훈련하면서 극복했다는 내용이다. 트라우마를 이틀간의 훈련으로 극복했다면 PTSD는 고사하고 트라우마라고도 할 수 없다. 그냥 연습 부족이다. PTSD는 사실상 완치가 어려운 증상이다.

그렇다고 좌절하지는 마라. 방법이 전혀 없는 건 아니다. 미국의 심장 전문의 로버트 엘리엇Robert elliott의 명언 "피할 수 없다면 즐겨라"라는 말은 PTSD를 겪고 있는 골프선수들에게 그대로 적용할 수 있다. PTSD는 전문의와 상담 후 약물치료를 받으면 어느 정도 증세가 완화될 수는 있으나, 완치는 장담하기 어렵다. 완치를 기대하기보다는 PTSD와 함께 살아가는 방법을 택하는 것이 오히려 적극적인 치료법이다. 인지행동치료Cognitive behavioral therapy · CBT 중 폭로 요법Exposure therapy이 여기에 해당한다. 간단히 설명하면 과거의 충격적 사건을 스스로 조금씩 떠올려서 트라우마에 익숙해지게 하는 방법이다.

한국 프로 무대를 거치지 않고 일본여자프로골프JLPGA 투어에 데뷔해 선풍을 일으켰던 황아름은 동일본대진지과 교통사고를 겪으면서 PTSD 진단을 받고 추락했다가 2018년 2승을 거두며 기적처럼 부활했다. 그는 우승 후에도 PTSD를 완치하지 못한 채 PTSD와 함께 살아가고 있었다. 폭로 요법을 통해서 트라우마에 적응하고 증세를 억제하면서 전성기 기량을 되찾았지만, 과거의 기억은 여전히 무거운 짐이었다. 그가 마지막으로 선택한 방법이 바로 PTSD와 함께 살아가기였다.

좋지 않은 기억을 억지로 지우려고 하면 스트레스만 증

폭될 뿐 나아지는 것이 없다. 그보다 좋은 기억을 많이 채워서 좋지 않은 기억을 밀어내는 것이 현명한 방법이다. 그러면 뇌 속의 좋지 않은 기억이 차지하는 면적은 줄고 좋은 기억이 차지하는 면적은 늘어나 서로 동등한 영향력을 갖게 된다. 일방적으로 좋지 않은 기억에 휘둘리는 현상은 줄어들어 점차 정상적인 생활을 할 수 있게 된다. 그러려면 먼저 현실을 있는 그대로 받아들여야 한다.

목적지가 있어서

미국 플로리다주 올랜도의 레이크부에나비스타 포시즌 골프&스포츠클럽 10번홀 그린을 향해 걸어가는 캐디의 발걸음이 가벼워 보인다. 아마도 가야만 하는 목적지가 있어서이지 않을까. 그곳엔 그를 기다리는 누군가가 있을 것이다.

암묵적으로 학습했는가

샷을 하기 전에 생각하라. 샷을 한 후에는 잊어라.
샘 스니드 *Sam Snead*

브라이슨 디섐보Bryson james aldrich dechambeau는 2021년 미국프로골프PGA 투어 플레이어스 챔피언십 최종 라운드에서 어처구니없는 실수로 우승을 날려버렸다. 2주 연속 우승을 노리던 그는 드라이버 대신 안전하게 하이브리드를 선택했으나 공은 야속하게도 워터해저드로 들어가 버렸다. 이 홀에서 더블보기를 범해 뒤따라오던 저스틴 토머스Justin thomas에게 우승 상금 270만 달러를 넘겨줬다.

비슷한 사례는 수두룩하게 많다. 2015년 후반, 거센 바람과 까다로운 코스로 악명 높은 스코틀랜드 동부 해안의 카누스티에서 일어난 일이다. 경기가 끝나고 이어진 인터뷰에서 어니 엘스Ernie els는 놀라울 정도로 담담하게 실수의 원인을 설명했다. 퍼터의 무게 배분부터 퍼터를 쥔 방법,

퍼트하면서 느낀 문제점까지 기술적인 설명을 장황하게 늘어놓았다. 겨우 15㎝ 거리의 퍼트[7]였는데도 말이다. 지나치게 많은 생각을 하고 있었던 것으로 보인다. 그 많은 생각이 정확한 퍼트는 고사하고 오히려 어니 엘스의 몸을 경직시켜서 평소와 다른 어색한 움직임을 만들어냈음을 추측할 수 있다.

이들만의 문제가 아니다. 실수는 중요한 고비에서 누구에게나 나올 수 있다. 일류 선수도 예외가 아니다. 이렇게 압박감 속에서 선수들의 실수가 빈번하게 발생하는 이유는 선수들의 훈련 방식이나 지도 방식에 있다고 일부 스포츠 심리학자들은 주장한다. 이른바 명시적 학습이라고 불리는 지도 방식이 문제라는 것이다. 이를테면 그립 쥘 때 검지는 어떻게 하고, 왼발은 이렇게 움직이고, 체중은 오른발에 얼마나 실어야 한다는 식으로 기능을 의식하게 유도하는 방식이다. 무의식적으로 진행되어야 할 과정을 의식적으로 통제하기 때문에 문제다. 이러한 현상을 분석 마비Analysis paralysis 또는 분석에 의한 마비라고 부른다.

스포츠에서 훈련은 암묵적 학습Implicit learning으로 이루어져야 한다. 기술 습득 훈련이 무의식적으로 진행되어야 한다는 뜻이다. 자전거 타기나 줄넘기를 배우는 것이 암묵적 학습의 대표적인 예다. 자전거 페달을 밟으면서 균형을 잡기 위해 자연스럽게 몸을 비틀며 똑바로 나아가는 과정을 의식적으로 인식하지는 않는다. 자전거를 배우는 가장 좋은 방법은 지시를 듣는 것이 아니다. 그냥 타보는 것이다. 무의식적 작용이 점차 늘어나면 실력도 향상된다.[8] 손발의 협응력이 중요한 줄넘기도 마찬가지다.

야구에서 투수가 던진 공이 타자한테 도달하는 시간은 대강 0.5초 정도다. 사물이나 문자를 보고 판단하는 데에도 0.5초 정도가 걸린다. 즉 투수가 던진 물체가 하얀 야구공이고, 시속 약 150㎞/h로 날아오고 있다고 판단할 때는 이미 대처가 늦은 것이다. 일일이 그렇게 하다가는 삼진아웃을 당할 수밖에 없다. 실제로 프로 선수들에게 야구의 투구나 테니스의 서브 같은 강속구를 어떻게 받아치느냐고 물으면 "아무 생각도 안 해요. 무의식이죠"라고 대답한다.[9]

다시 골프로 돌아와서 공이 잘 맞았을 때를 생각해보라. 생각 없이 쳐도 공이 잘 맞는다. 티페그나 잔디 위에 놓인 공을 별생각 없이 힘껏 때리면 멀리 날아가서 원하는 위치에 정확하게 선다. 하지만 공이 안 맞을수록 생각이 많아진다. 스윙 자세는 물론이고 스탠스와 스윙 리듬, 샤프트의 각도까지 신경을 쓴다. 그럴수록 몸에 힘이 들어가고, 동작은 어색해지며, 공은 더 안 맞는다. 과도한 분석의 폐해는 좋지 않은 결과로 나타난다.

좋은 스윙을 하고 싶다면 오히려 머릿속을 깨끗이 비워야 한다. 무의식에서 올바른 스윙이 나와야 진짜 실력이다. 구옥희가 연습 라운드 중 실수가 잦은 후배들에게 귀에 못이 박히도록 했던 이야기가 있다. "연습 부족이야. 더 연습해."

물과 바람이 빚은 코스

미국 플로리다주 올랜도의 레이크부에나비스타 포시즌 골프&스포츠클럽 10번홀 전경. 마치 오랜 세월 물과 바람에 쓸려 형성된 것처럼 경이롭고 아름답다.

연습량은 적당한가

골프는 열심히 연습할수록 행운이 따른다.
게리 플레이어 *Gary Player*

골프 연습량과 실력 향상이 비례하기 위해서는 전제 조건이 하나 있다. 질 좋은 연습이다. 매일 하루도 거르지 않고 열 시간 이상 운동하는 선수가 대회만 나가면 예선 탈락이다. 반면에 연습을 많이 하는 것 같지 않은 선수는 매 대회 우승을 다툰다. 그럴 때마다 제일 먼저 떠오르는 생각이 재능이다.

재능이 없다면서 푸념하기 전에 한 가지만 생각해보라. 매일 열 시간 동안 집중해서 운동했는가. '그렇다'라고 자신 있게 대답할 사람이 몇이나 되겠나. 운동 중에 전화를 받거나, 운동 중에 친구들과 수다를 떨거나, 운동 중에 음악을 들으면서 두 가지 이상의 일에 집중하지는 않았는가. 겉으론 열심히 하는 것 같아도 머릿속은 이성 친구 생각을 하고,

놀러 나갈 궁리를 하고 있다. 몸과 마음이 따로다.

골프는 운동 시간으로 우승자를 가리는 게임이 아니다. 장시간 운동을 해도 절반 이상은 집중하지 못한다면 상당한 시간을 밑 빠진 독에 물 부은 꼴이다.

질보다 양을 중시하는 국내 체육계의 오랜 관행과 몹쓸 풍토도 문제다. 아직도 상당수 골프선수는 훈련의 질보다 양을 중시한다. 시간을 채우고, 땀을 흘리기 위한 운동을 한다. 그러면서 운동한 시간과 흘린 땀에 스스로 만족감을 드러내고 보람을 느낀다. 그런 사람은 무엇을 해도 재능을 발견하지 못한다. 재능이 없는 것이 아니라 진실한 열망이 없는 것이다. 그런데도 기존의 운동방식을 버리지 못하는 것은 그렇게라도 하지 않으면 자신만 뒤처지는 것 같은 조바심 때문일 듯하다. 많은 골프선수가 연습량의 함정에서 허우적대고 있다.

좋은 성적을 꾸준히 유지하는 선수는 이유가 있다. 재능만으로는 롱런하지 못한다. 연습량이 적은데도 잘하는 선수는 집중력이 좋은 선수다. 짧은 시간에 집중해서 운동에 매진한다. 세계적인 선수일수록 혼자서 집중력 있게 연습하는 사람이 많다. 아무도 보지 않는 나만의 시간에 자신을 담금질하면서 집중력을 끌어올린다. 당연히 운동 효율성은 올라간다.

한국과 미국, 일본 프로 무대에서 수많은 우승을 차지한 신지애는 대회장에서 연습하는 모습을 찾아보기가 쉽지 않다. 티오프 시간에 맞춰 나와서 경기가 끝나면 대회장을 빠져나간다. 연습하지 않는 선수처럼 보이기도 한다. 틀렸다. 그는 누구보다 연습량이 많다. 티오프 시간과 상관없이 이른 시간에 경기장에 나와 연습하다 휴식을 취한 뒤 티오프 시간에 맞춰 다시 대회장에 모습을 드러낸다. 이에 대해 신지애는 이렇게 말했다.

"아무래도 사람이 많으면 신경 쓰여요. 일일이 인사를 주고받아야 하고, 누군가가 말을 거는데 모른 척할 수도 없고, 그래서 웬만하면 사람이 없는 이른 아침에 나와서 운동하는 일이 많아요. 그것도 아니면 다른 연습장에 가서 혼자 연습하고 오는 경우도 많았죠."

신지애는 존의 마술사다. 존은 스포츠에서 선수가 고도의 집중력을 보이는 상태를 말한다. 2019년 JLPGA 투어 후지산케이 레이디스 클래식에서는 인코스 9홀을 플레이하는 동안 무려 7개의 버디를 낚아채며 7타차[10] 역전 우승을 차지했다. 신지애가 집중력이 뛰어난 선수라는 건 익히 잘 알려진 사실이지만, 실전에서는 중요한 순간마다 초인적인 힘을 발휘하곤 한다. 어떻게 이런 일이 가능할까.

인간이 고도로 집중할 때면 다른 것들은 주의집중 대상

에서 걸러진다. 따라서 진행 중인 과제는 인지 정보를 최대한도로 활용할 수 있다.[11] 달리 말하면 운동 외에 불필요한 곳에는 에너지를 허비하지 않는다는 뜻이다. 그러면 짧은 시간 운동해도 장시간 운동 효과가 있을 뿐 아니라 피로감도 덜하다.

집중력도 훈련으로 높일 수 있다. 물론 단기간에는 어렵다. 아령 한 번 든다고 해서 곧장 근력이 눈에 띄게 발달하는 건 아니다. 꾸준히 반복하고 운동 횟수도 점차 늘려가야 한다. 집중력도 마찬가지다. 오랫동안 꾸준히 훈련하면서 조금씩 강도와 반복횟수를 늘리는 것이 더 중요하다.[12]

장시간 혹독한 훈련만이 능사는 아니다. 운동·의학·군사 관련 기술 훈련에서는 완전히 지칠 때까지 훈련하는 오래된 관례가 있다. 이는 신체를 단련시키고 정신을 강하게 만들며 그룹 내에서 유대감을 높이는 데 적합하다. 하지만 피로는 학습의 적이다. 뇌의 활동을 더디게 만들기 때문이다. 실수를 유발하고 집중력을 떨어뜨리며 나쁜 습관을 낳는 요행으로 이어진다.[13] 골프처럼 고도의 정확도를 요구하는 운동에서는 부작용이 더 두드러진다. 오늘 흘린 땀이 실력 향상이라는 결실로 이어지기 위해서는 반드시 질 좋은 연습이 담보되어야 한다.

어둠은 걷히고

칠흑 같은 어둠은 오래가지 않는다. 오늘도 어김없이 해가 솟고 있다. 미국 플로리다주 올랜도의 레이크부에나비스타 포시즌 골프&스포츠클럽의 아침은 늘 드라마틱하다.

저스틴 토마스의
비거리 비결을 이해하는가

공을 끝까지 보려 하지 말고, 허리를 끝까지 남기려고 하라.
호세 마리아 올라사발 *Jose Maria Olazabal*

　호쾌한 드라이버샷은 골프의 여러 묘미 중 하나다. 누구라도 호쾌한 장타를 원한다. 좁은 코스를 뚫고 똑바로 멀리 호쾌하게 날아가는 빅 드라이버샷을 꿈꾼다.

　비거리를 내기 위해서는 '질량×속도'라는 물리적 조건이 충족되어야 한다. 마른 사람보다 몸집 큰 사람이 유리하지만, 예외도 있다. 깡마른 몸으로 엄청난 비거리를 품어내는 사람도 적지 않다. 저스틴 토마스가 그중 한 명이다.

　그의 장타 비결을 스윙 방법에서만 찾을 필요는 없다. 특히나 마른 몸의 장타자는 스윙 역학만으로 장타 비결을 종결지으면 커다란 오산이다.

　장타를 만들기 위해서는 우선 힘이 있어야 한다. 그런데 마른 몸의 장타자는 근육에서 나오는 힘이 전부가 아니다.

근육은 커도 힘을 제대로 쓰지 못하는 사람이 있고, 근육량은 적어도 강력한 힘을 발휘하는 사람도 있다. 인체의 결합조직Connective tissue이 잘 단련된 사람일수록 근육이 가진 힘을 최대한 발휘할 수 있다. 결합조직이란 조직과 조직을 잇거나 지지하는 조직을 말한다. 뼈와 근육을 잇는 힘줄과 근육 전체와 주변을 이루는 근막이 여기에 속한다. 결합조직을 지지조직이라고도 한다.

좀 더 깊이 들어가면, 힘줄은 뼈와 근육을 잇고 지지하는 역할만 하는 것이 아니라 근육의 수축과 탄력을 돕기도 한다. 흔히 "몸의 탄력이 좋다"라는 말을 하는데, 근육의 힘만으로는 탄력을 유지하지 못한다. 저스틴 토마스가 마른 몸으로 장타를 낼 수 있는 비결도 강력하고 탄력 있는 결합조직이 뒷받침하고 있다는 것을 입증한다.

장타는 체격이 큰 사람들의 전유물이 아니다. 체격이 왜소한 아마추어 골퍼도 얼마든지 비거리를 낼 수 있다. 결합조직의 탄성만 잘 이용하면 된다. '100%의 힘'이라는 말을 자주 하는데, 실제로 힘을 100% 쓴다는 건 불가능에 가깝다. 어떤 상황이라도 근육에는 여분의 힘이 있어서 그것을 얼마나 뽑아 쓸 수 있냐가 관건이다. 비거리를 늘리기 위해 골프 스윙과 무관한 근력을 무리하게 키울 필요가 전혀 없다는 뜻이다.

문제는 결합조직의 특성에 있다. 근육보다 노화가 빨리 진행된다. 근막 분야의 권위자인 독일 울름대학교 로버트 슐라입Robert schleip 교수에 따르면 시간이 가면 근막을 이루는 섬유가 엉키고 점착력이 커지며 탄성은 낮아져서 유연성이 떨어지기 시작한다. 현미경으로 관찰하면 근막이 신축성 있는 깔끔한 그물 대신, 잔뜩 엉킨 실뭉치를 닮아간다는 것을 확인할 수 있다.[14] 중년 이후에도 탄탄한 근육을 자랑하는 남성들이 비거리를 내지 못하는 이유가 여기에 있다. 결합조직의 노화로 인해 큰 근육이 제대로 힘을 발휘하지 못하는 것이다.

나이 들수록 근육은 줄고 비거리는 저하된다. 당연한 현상이다. 그렇다고 떨어진 근력을 끌어올리기 위해 근력 운동에만 집착할 필요는 없다. 근력 운동보다 결합조직의 탄력 유지를 위한 유연성 운동이 중요하다. 유연성이 떨어지면 근육이 가진 힘을 제대로 활용하지 못한다. 그것을 만회하기 위해 불필요한 근육과 힘을 끌어다 쓰게 된다. 그럴수록 스윙은 더 엉성해지고 비거리는 나지 않는다. 중장년층 아마추어 골퍼들의 나무토막 같은 스윙을 보면 쉽게 이해가 갈 것이다.

그렇다고 고통스럽게 스트레칭을 하면서 근육과 관절을 늘려야 할 필요도 없다. 근육이 가진 힘을 충분히 발휘할 수 있도록 돕는 정도의 유연성이면 충분하다. 평상시 잘 쓰지 않는 관절과 근육을 매일 움직이면서 돌려주고 가볍게 늘려주는 것만으로도 결합조직의 노화를 늦출 수 있다. 골프를 하면서 요가나 스트레칭을 병행하면 더 효과적인 이유가 그것이다.

패셔니스타

한국 여자골프사에서 패셔니스타를 한 명만 꼽는다면 단연 안신애다. 국내를 넘어 일본에서도 미녀 골퍼 선풍을 일으켰는데, 사실상 안신애의 스타성은 해외에서 먼저 알아본 셈이다. 사진은 2017년 6월 에쓰오일 챔피언십에 출전한 안신애.

운동일지를 쓰고 있는가

골프를 보면 인생을 생각하게 되고, 인생을 보면 골프를 생각하게 된다.
헨리 롱허스트 *Henry Longhurst*

매일 열 시간씩 운동한다고 해서 곧바로 좋은 체력과 능숙한 기술이 붙지는 않는다. 매일 열 시간 이상 공부해도 공부한 내용이 전부 머릿속에 저장되지 않는 것과 같다. 오늘 훈련한 열 시간의 경험들은 시간이 지나면서 빠르게 왜곡되거나 소멸한다.

힘들게 훈련한 것들을 최대한 내 것으로 만들기 위해서는 또 다른 노력이 필요하다. 그중 하나가 운동일지 작성이다. 운동 후 늘어지게 휴식을 취하더라도 절대로 빼먹어서는 안 될 중요한 작업이다. 하루를 정리하고 잠들기 전에는 반드시 운동일지를 작성하라. 오늘 하루 어떤 훈련을 어떻게 했고, 부족한 점은 무엇이며, 어떻게 하니 더 잘되었고, 앞으로 어떻게 하면 더 효율적이고 효과적으로 운동할 수 있을 것 같다는 식의 내용을 가능하면 구체적으로 기록하는 것이 좋다.

운동일지 작성은 뇌과학적으로도 분명한 효과가 있다. 운동일지를 작성하면 해당 세포집합체를 재활성화시켜서 경험을 기억으로 공고히 하는 데 도움이 된다.[15] 실제로 운동을 하고 있지는 않지만, 운동하는 것과 비슷한 효과가 나타난다. 대부분 단기기억에 머물다 사라지는 기억들을 장기기억으로 옮겨놓기 위한 아주 효과적인 행위다.

운동 후 운동일지를 쓰지 않고 하루를 마무리하면 당일 훈련 경험은 단기기억에 머물다 대부분 소멸하고 만다. 훈련 중에 아쉬웠던 점은 물론이고 어떻게 하면 더 효율적으로 훈련할 수 있는지도 인지하지 못한다. 심지어 오늘 한 훈련 내용조차도 기억나지 않는다. 반성의 시간을 갖지 않으면 똑같은 실수를 다음 날 또 한다. 당연히 발전을 기대하기는 어렵다.

프로골퍼이자 골프 심리학 박사인 이종철은 자신의 저서 『퍼펙트 멘탈』에 운동일지를 쓰는 이유를 세 가지로 정리했다. 첫 번째는 자신에게 집중하면서 생각을 정리할 수 있다는 점이다. 글쓰기는 생각을 글로 정리하는 작업이다. 운동일지를 정리하는 동안에는 온전히 자신에게 집중하게 된다. 자신도 알지 못했던 자신을 발견해 자아 성찰하는 기회로 삼을 수 있다.

 두 번째는 자신의 감정을 드러내고 생각을 표현함으로써 존재감을 키우고 심리 치유 효과를 얻을 수 있다는 점이다. 종일 운동에만 몰입하다 보면 자신의 감정을 드러내거나 생각을 표현할 일이 많지 않다. 그런 날이 반복될수록 자존감은 떨어지고 자의식도 희미해진다. 운동하는 기계로 전락한 느낌이다. 매일 운동일지를 쓰는 것만으로도 이런 증상은 대부분 사라진다.

 세 번째는 몰입을 경험하면서 성취감, 행복감, 즐거움을 느낄 수 있다는 점이다. 아무리 달고 맛있는 음식이라도 매일 다량으로 섭취하면 물리기 마련이다. 더 나아가면 역겹게 느껴질 수도 있다. 골프도 마찬가지다. 처음엔 필드에 나가는 것만으로도 신이 나서 평생 물릴 것 같지 않지만, 그런 마음도 오래 가지 않는다. 새로운 목표와 동기가 생기지 않는 한 매일 반복되는 고된 훈련을 견디지 못한다. 운동일지를 작성하는 것만으로도 집중력을 높일 수 있으며, 새로운 목표를 갖게 하고, 또 다른 성취감을 안긴다. 힘든 운동을 참고 계속해야 하는 이유를 알게 해준다.

 한 가지 더 덧붙이면 글을 쓰면서 이미지트레이닝 효과를 볼 수 있다는 점이다. 훈련 과정이나 동작들을 머릿속으로 떠올리는 것만으로도 뇌는 실제로 운동을 하고 있다고 생각한다. 실수한 동작을 머릿속에서 지우고 바른 동작을 깊이 심어둘 수 있다. 오늘 했던 실수를 반복하지 않게 된다.

내가 운동일지를 작성하면서 이미지트레이닝 효과를 보기 시작한 건 프로에 데뷔한 직후였다. 처음엔 공이 뜻대로 맞지 않거나 답답하고 초조한 마음이 들 때마다 운동일지를 썼는데, 글을 쓰면서 오늘 했던 실수를 다시 생각하게 되었다. 같은 장면을 몇 번이고 머릿속에서 재생하면서 두 번 다시 똑같은 실수를 반복하지 않겠다는 다짐을 운동일지에 남겼다. 각서를 쓰듯이 말이다. 놀랍게도 효과는 다음날 바로 나타났다. 같은 실수를 반복하지 않았고, 실력은 빠르게 향상되었다. 그러면서 자신감이라는 대가가 돌아왔다. 그때 나는 확신하게 되었다. "운동일지를 쓴다는 건 미래의 내 모습을 스케치하는 것이로구나"라고.

이만큼 널 사랑해

미국 플로리다주 올랜도의 레이크부에나비스타 포시즌 골프&스포츠클럽 상공에 새겨진 'LOVE'. 대체 누구를 얼마나 사랑했던 걸까.

당당하게 빨리 걸었는가

할 수 있다고 생각하면 반은 성공한 것이다.
아니카 소렌스탐 *Annika Sorenstam*

스타 선수는 걸음걸이부터 다르다. 당당하고 힘차다. 스타 선수 중에 몸을 웅크리거나 고개를 밑으로 떨군 상태에서 소심하게 걷는 사람은 없다.

챔피언 조에서 티샷 후 티잉그라운드를 내려오는 선수들의 걸음걸이를 유심히 관찰하면 흥미롭다. 당당하게 얼굴을 들고 페어웨이를 향해 빠르게 걷는 모습은 마치 열병식 군인들의 발걸음을 연상시키기도 한다. 의도적으로 강하게 보이거나 같은 조 선수들의 기선을 제압하려는 의도는 아니다. 골프선수라면 누구나 필드에서 빠르고 당당하게 걸어야 하는 이유가 있다.

빠른 속도의 걸음은 심장박동을 촉진해 두뇌로 가는 혈류를 늘리고 기분을 좋게 한다. 창의력과 문제 해결 능력도 높인다. 빠르고 당당하게 걷는 것만으로도 뇌에 영양을 공급하는 효과가 있는 것이다. 즉, 빠르고 당당하게 걷는 선수는 좋은 플레이를 할 수 있고, 좋은 플레이를 하는 선수는 자연스럽게 빠르고 당당하게 걷게 된다.

걸음걸이가 생각까지 바꾼다는 실험 결과도 있다. 활기차게 걷는 실험 대상자들은 감정적 어휘의 목록에서 긍정적인 단어를 더 많이 기억[16]한다는 것이다. 긍정적인 생각은 분위기를 좋게 해서 원하는 결과로 이어지도록 돕는다.

반대로 실수를 할수록 느리고 소심하게 걷는다. 느리고 소심하게 걷는 선수는 좋은 플레이를 할 수 없다. 이것을 입증한 연구 결과도 많다. 예를 들어서 우울증이 있는 사람은 천천히 걸으면서 팔을 거의 움직이지 않는다. 구부정한 자세를 취한 채 시선은 바닥을 향한다.[17] 생각도 부정적으로 바뀌어서 자신감과 자존감을 떨어트린다. 떨어진 자신감은 성적에도 악영향을 미친다.

김하늘은 일본 투어에 진출한 첫해 부진의 연속이었다. 체력이나 기술은 크게 달라진 점이 없어 보였으나 한 가지 눈에 띄는 것이 있었다. 걸음걸이가 당당하지 못했고, 시선이 무의식적으로 밑을 향하는 일이 많았다. 하루는 같은 조에 속한 두 선수를 따라 티잉그라운드에서 느리게 내려오고 있었다. 두 선수는 서로 꼭 붙어서 깔깔대고 웃으며 걷고 있었고, 김하늘은 그 뒤를 따라 천천히 걷고 있었다. 당시 김하늘은 일본어를 못했던 터라 두 선수가 자신을 험담하면서 따돌리고 있다고 오해해서 마음의 상처를 입었다고 한다. 누구도 그의 험담을 하거나 따돌리지 않았는데도 말이다. 자신감이 바닥으로 떨어진 김하늘은 혼자서 부정적인 생각을 확산하면서 스스로 곤경에 빠져들고 있었다. 경기에 집중하면서 써야 할 에너지를 불필요한 곳에 신경을 분산시키면서 허비하고 있었다.

이런 사례는 차고 넘친다. 대부분 당당하게 빨리 걷는 것만으로도 쉽게 해결된다. 김하늘 역시 성적이 좋아지면서 시선이 아래로 향하는 습관은 자연스럽게 사라지게 됐다. 당당하고 빨리 걷다 보니 같은 조 선수들은 시야에 들어오지 않았고, 온전히 자신의 플레이에만 집중하면서 이전처럼 빠르고 당당하게 걷게 되었다. 일본에서 첫 우승 이전의 김하늘과 이후의 김하늘을 비교해보면 정답을 쉽게 찾을 수 있다.

유럽이라고 생각해

유럽이라고 생각하면 유럽이고, 중남미라고 생각하면 중남미가 된다. 사진은 앵글에 따라 해석이 달라질 수 있고, 사람은 생각에 따라 인생이 달라진다. 내 아카이브에는 '제주 성산 섭지코지'라고 적혀 있었다.

바른 자세를 유지했는가

나쁜 스윙보다 나쁜 습관이 더 해롭다.
페인 스튜어트 *William Payne Stewart*

바른 자세가 건강한 몸과 마음을 낳는다. 자세는 몸과 마음의 건강을 읽는 거울이다. 멘탈 스포츠인 골프에서는 더더욱 중요하다. 큰 선수가 되고 싶다면 가장 먼저 바른 자세를 가져라. 어깨를 펴고 턱을 약간 치켜들어 전방을 주시하라.

노스웨스턴대학 심리학자 리 후앙Li huang과 아담 갈린스키Adam galinsky 박사가 주장한 바에 따르면, 건강하고 올바른 자세는 타인에게 존경의 대상이 되고 자부심도 높일 수 있다. 하버드 경영대학원의 에이미 커디Amy cuddy 교수는 건강하고 올바른 자세를 파워 포즈Power pose라 칭하고, "중요한 일을 진행하기 전에 슈퍼 히어로가 영화 주인공으로 등장하듯이 딱 2분간만 똑바로 당당하게 서 있으면 자신감이 충만"¹⁸해진다고 주장했다. 어떤 자세를 취하느냐에 따라서 자신감은 물론이고 주변에서 나를 바라보는 관점이 달라진다는 것이다.

바른 자세를 취함으로써 뇌가 우리 몸에 주는 보상은 달라진다. 2분간만 자신감 있는 자세를 취하더라도 테스토스테론Testosterone 수치를 늘리고 코르티솔Cortisol 수치를 떨어트려 스트레스를 잡고 자신감은 올라가게 한다. 자신감 있는 자세나 포즈를 취하는 것만으로도 실제 자신감이 상승한다니 놀랍지 않은가. 반대로 말하면 어떤 상황이라도 구부정하거나 움츠러든 자세는 금물이다. 자신감 없는 자세나 위축된 모습을 보이는 것만으로도 실제 자신감이 떨어지고 몸이 경직될 수 있다.

좋지 않은 자세가 주는 부정적인 영향을 구체적으로 살펴보면 다음과 같다.

첫 번째는 몸을 더 경직되게 만든다. 몸을 움츠릴수록 긴장감이 쌓여서 평소와 같은 플레이를 하지 못하게 된다.

두 번째는 보기에도 좋지 않다. 자신감이 없는 사람으로 여겨지기 쉬워서 팬이나 스폰서에게 좋은 인상을 심어 주지 못한다. 그런 모습이 동반 플레이어에게는 오히려 자신감을 준다.

세 번째는 건강에도 이롭지 않다. 예를 들어서 몸을 앞으로 구부리고 서 있으면, 폐가 충분히 확장하지 못한다. 폐가 충분히 확장하지 못한 상태에서 호흡하는 사람은 흉부 압박을 강하게 느낀다. 폐를 거쳐 몸의 다른 부분으로 운반되는 산소가 부족해지기 때문이다.[19]

네 번째는 자신감을 크게 떨어트린다. 최근 발표되고 있는 연구 결과들에 따르면 신체적 안정성이 감정적 균형에 영향을 주는 것으로 알려졌다. 좋지 않은 자세가 자신감을 떨어트리고, 그것이 습관이 되면 두려움과 우울증 등으로 이어질 수도 있다. 어떤 상황이라도 필드에서는 바르고 당당한 자세를 유지해야 하는 이유다. 자세가 곧 경쟁력이다.

파워 포즈

2017년 미시건대학 풋볼 경기장에 모인 팀 볼빅 선수들과 문경안 회장. 세상에서 가장 자신감 있는 포즈를 취해보기로 했는데, 저마다 다른 동작이 카메라에 담겼다. 동작은 달라도 파워 포즈가 우리에게 주는 보상은 모두 똑같다.

표정 관리는 잘 했는가

실수한 뒤에도 웃을 수 있다면 당신은 훌륭한 골퍼가 될 것이다.
로이 맥길로이 *Rory McIlroy*

실전에서 웃음보다 좋은 무기는 없다. 가볍게 미소짓는 것만으로도 긴장이 풀리고, 기분이 전환되며, 자존감과 자신감도 올라간다. 웃을 때 움직이는 안면 근육이 스트레스를 걸러준다는 연구 결과는 이미 오래전에 여러 실험을 통해서 입증됐다.

현역 시절 '스마일 캔디'라고 불리며 한국과 일본 골프 팬들에게 많은 사랑을 받았던 이보미는 스윙할 때를 제외하고 미소를 얼굴에 달고 살았다. 그냥 예뻐 보이려고 짓는 미소가 아니었다. 미소를 지음으로써 긴장을 풀었으며, 실수하더라도 미소를 지어 보이며 빠르게 분위기를 바꿔나갔다. 동반 플레이어나 캐디와 담소를 나누며 크게 웃는 모습도 자주 목격할 수 있었다.

미소는 그의 상징이었다. 이보미의 가장 강력한 멘탈 테크닉이자 플레이 전략이자 팬서비스이자 이보미의 성품 그 자체였다. TV로든 대회장에서든 자신을 응원하는 팬들을 위한 팬서비스로도 훌륭했다. 그는 한국과 일본에서 통산 25승을 달성하며 세 차례나 상금왕에 올랐다.

이보미와 동갑내기 라이벌이던 김하늘도 미소하면 빼놓을 수 없는 선수였다. 김하늘의 플레이를 유심히 들여다보면 경기 중 미소짓는 횟수와 대회 성적이 어느 정도 비례하는 듯한 인상을 준다. 국내 무대를 평정하고 일본으로 활동 무대를 옮겼을 땐 익숙하지 않은 환경으로 인해 불필요하게 긴장하고 주눅이 들면서 환한 미소가 얼굴에서 완전히 사라졌다. 성적은 끊임없이 추락했고, 국내 투어 복귀까지 결심했었다. 그러다 시즌 종반 먼싱웨어 레이디스 도카이 클래식 우승으로 분위기를 타기 시작하면서 환한 미소를 되찾았고, 일본에서 제2의 전성기를 누렸다.

웃음은 우리가 알고 있는 것보다 훨씬 이롭다. 천하제일의 보약이자 명약이라 해도 결코 과언이 아닐 정도다. 크게 웃으면 단 1초 만에 효과가 나타난다. 억지로 크게 짓는 웃음도 진심에서 우러나오는 웃음과 같은 긍정적 신체 변화가 일어난다. 뇌는 진짜 행복해서 웃는 웃음인지 가짜 웃음인지 구별하지 못하기 때문이다. 크게 웃을수록 뇌는 더 많은 엔도르핀Endorphin을 분비시켜 스트레스를 잡아낸다. 경기 중 실수로 인한 스트레스도 웃음으로 씻어버릴 수 있다. 보기를 범하고도 스트레스를 거의 받지 않는 돌부처라면 몰라도 스트레스를 속으로 삭이면서 더 큰 스트레스를 만들 바에야 그 자리에서 웃음으로 씻어내는 것이 훨씬 이롭다.

웃음은 정신적 이로움뿐만 아니라 육체적 변화에도 도움을 준다. 최근의 한 연구에서는 배에 힘이 들어갈 만큼 크게 웃으면 윗몸일으키기를 한 것보다 이롭다는 내용이 발표되기도 했다. 크게 웃을수록 코어는 단단하게 단련된다. 플레이 중이라도 웃지 말아야 할 이유가 아무것도 없다. 실수하더라도 그냥 웃어라. 웃음은 당신의 멘탈 마일리지다. 많이 웃을수록 혜택이 돌아온다. 실례가 되지 않는 상황이라면 웃어라. 더 크게 웃어라.

미소만 챔피언

누구나 챔피언이 될 수는 없다. 그러나 웃음으로 우승자를 가린다면 당신도 챔피언에 도전해볼 만하다. 어떤 상황이라도 이렇게 시원시원하게 웃을 수만 있다면 말이다.

코어 근육을 단련했는가

골프는 완벽해지기 위한 게임이 아니다. 성장하기 위한 게임이다.
보비 존스 *Bobby Jones*

코어 근육 운동의 중요성은 여러 번 강조해도 지나치지 않다. 코어 근육은 인체의 무게중심 한가운데에 있어서 자세와 균형을 유지하는 데 너무나도 중요한 역할을 하기 때문이다. 골프뿐만 아니라 야구, 축구 같은 구기 종목과 테니스, 배드민턴, 탁구 같은 라켓 운동, 태권도, 유도, 복싱 같은 격투기 운동, 사격, 양궁 같은 고도의 정교함을 요구하는 운동에서도 코어 근육은 매우 중요한 역할을 맡고 있다. 무의식적으로 걷거나 뛰거나 가벼운 몸동작을 취할 때도 코어 근육은 우리 몸이 중심을 잡아 넘어지지 않도록 안전하게 지탱해준다. 심지어 움직이지 않는 상태에서도 코어 근육은 약간의 수축 상태를 유지한다. 누워있거나 어딘가에 기대어 앉지 않는 한 코어 근육은 우리 몸을 지탱한다.

기록을 다투는 스포츠에서 선수들의 코어 근육은 더 중요한 역할을 맡는다. 코어 근육을 강하게 단련해야 더 강하고 정확하고 안정된 움직임을 만들어낼 수 있다. 그것이 코어 근육 운동을 해야 하는 가장 중요한 이유로 알려져 있다.

코어 근육 운동이 정신 건강에 이롭다는 학설도 차고 넘친다. 위장병학자인 데이비드 레빈탈David levinthal은 코어 근육을 활성화하는 운동을 꾸준히 하면 스트레스가 줄어들고 긍정적인 사교에 도움[20]이 된다고 주장했다. 코어 운동 프로그램의 창시자인 조셉 필라테스Joseph pilates는 "척추를 말고 접는 운동은 신경을 이완하고, 신경과민으로 생성된 독소를 제거한다"[21]라는 주장을 펴내기도 했다.

장 건강을 위해서라도 코어 운동은 꾸준히 하는 것이 좋다. 장이 건강한 사람은 자신의 의지와 상관없이 대장운동이 활발하게 일어난다. 뱃속 음식과 공기가 빠르게 옮겨져서 배변 활동이 원활하다. 이때 코어 근육은 아무것도 돕지 않는 것 같지만, 사실은 수축과 이완을 반복하며 대장운동을 돕고 있다. 장이 건강하지 못한 사람이나 과민성 대장 증후군 환자는 복부팽만감이 자주 일어나는데, 코어 근육을 단련하면 어느 정도는 개선할 수 있다. 과민성 대장 증후군 환자들에게 요가나 필라테스처럼 코어 운동에 도움을 주는 운동을 권장하는 이유도 이 같은 원리가 뒷받침하기 때문이다.

　무엇보다 코어 근육은 같은 근육이라도 골프 스윙에 나쁜 영향을 주지 않는다. 골프선수가 근육을 지나치게 키우거나 골프 스윙과 무관한 근력을 단련하는 것은 매우 위험하다. 정확한 스윙 궤도를 그리는 데 방해가 될 뿐만 아니라 샷감을 떨어트리는 원인이 되기도 한다. 그에 반해 코어 근력은 아무리 단련해도 골프 스윙에 악영향을 주기는커녕 안정되고 좋은 구질을 만드는 데 도움을 준다. 주저할 필요가 없다. 짬이 날 때마다 단련해라.

침입자

노루는 골프장의 침입자이고, 사람은 노루의 영역을 침범한 침입자다. 미국 플로리다주 올랜도의 레이크부에나비스타 포시즌 골프&스포츠클럽 12번홀에서 침입자와 침입자가 만났다.

멘탈 근력을 단련했는가

여러 해저드 중에서도 최악의 해저드는 두려움이다.
샘 스니드 *Sam Snead*

골프는 대표적인 멘탈 스포츠다. 비슷한 실력이라면 멘탈이 강한 선수가 승리할 가능성이 매우 크다. 멘탈이 약하면 중요한 순간마다 실수를 범한다. 반대로 멘탈이 강한 선수는 꼭 필요할 때 버디를 만들어낸다. 두 선수의 기량 차이는 결정적인 순간마다 나타난다.

멘탈이 약하면 한 라운드만 망치는 게 아니다. 다음 라운드, 그다음 라운드도 비슷한 결과가 나온다. 선수로서 크게 성장하지 못한다. 반면에 멘탈이 좋은 선수는 선수로서 승승장구할 잠재력이 매우 크다. 스윙 자세나 연습 라운드 때 경기력만 보면 분명 자신보다 못한 선수가 승승장구한다. 주변에 그런 사람이 있으면 시샘이 나기도 하지만, 어쩔 수 없다. 골프는 멘탈이 실력이다. 그게 골프다.

우리기 중요한 순간 실수를 범하는 이유는 생각이 불필요하게 개입하거나 많아지기 때문이다. '실수하면 어떻게 하지?', '느낌이 안 좋은데…', '흐름이 안 좋은 쪽으로 가고 있어', '이러다 역전되는 거 아냐?', '이거 못 넣으면 큰일인데…' 등 불필요하고 부정적인 생각들이 머릿속에서 불쑥 튀어나와 이리저리 헤집고 다닌다.

당신만의 문제가 아니니 자책하지는 마라. 모든 사람이 다 똑같다. 우리 뇌는 낯선 환경이나 위기와 맞닥트리면 심박수를 올리면서 위험 신호를 보낸다. 그러면서 위기 극복을 위한 수많은 생각을 머릿속에 떠올리게 한다. 위험한 상황에서 살아남기 위해 뇌가 오랜 세월 진화해온 결과다. 낯선 환경이나 위험한 상황임에도 뇌가 아무런 반응을 보이지 않으면 생명이 위태로울 수 있기 때문이다. 뇌는 우리 몸을 외부 환경으로부터 보호하는 것이 가장 중요한 임무다.

문제는 긴장이 과하면 평소 기량을 발휘할 수 없다는 점이다. 좋지 않은 생각을 확산하고 불길한 생각에 의식을 집중하느라 쓸데없이 많은 에너지를 쏟기 때문에 정작 움직여야 할 근육은 평소처럼 움직이지 못한다. 무의식으로 해야 할 일도 일일이 의식적으로 반응하다 보니 더 많은 에너지를, 그것도 엉뚱한 곳에 쏟게 되는 것이다.

멘탈이 약하다고 자책해 봐야 달라지는 건 아무것도 없

다. 멘탈에 문제점이 발견되면 곧바로 처방해야 한다. 멘탈은 근력과 같다. 단련할수록 강해지고, 단련하지 않으면 쇠퇴한다. 노력으로 얼마든지 멘탈이 좋아질 수 있다는 뜻이다. 그러기 위해서는 샷 연습을 매일 하듯이 멘탈도 매일 트레이닝하며 단련해야 한다.

멘탈로 무너진 게임의 패배 원인은 멘탈에 있다. 애꿎은 스윙만 탓해봐야 시간과 체력만 낭비하면서 정작 중요한 원인은 찾지 못한다. 자칫하면 멀쩡한 골프채를 바꾸고 스윙까지 고치다가 좋았던 샷감마저 잃어버릴 수 있으니 주의해야 한다.

멘탈은 집을 지탱하고 있는 토양에 비유할 수 있다. 단단한 벽돌은 체력이고, 설계는 스윙이다. 좋은 자재로 치밀하고 완벽하게 설계했다고 해도 집을 지탱하고 있는 토양이 불량하다면 그 집은 언제 무너질지 모르는 불안전한 구조물[22]인 것이다.

멘탈 트레이닝은 상급자로 갈수록 중요하다. 골프에 이제 막 입문한 초보자는 스윙이 완전하게 만들어지기 전이므로 대부분 문제점은 체력과 기술에서 나타난다. 하지만 골프를 오래 할수록, 스코어가 좋아질수록 적은 외부가 아닌 내부에서 생긴다. 내부의 적은 멘탈이다.

그런데도 스윙 연습에만 몰두하고 멘탈 트레이닝에는 힘

을 쏟지 않는 사람이 적지 않다. 라운드 후 스윙을 점검하는 사람은 있어도 멘탈을 점검하는 사람은 많지 않다. 그저 공 치는 데만 혈안이다. 근육처럼 운동 효과가 눈에 보이는 것도 아니어서 멘탈 트레이닝의 실효성을 의심하는 사람도 있다. 멘탈 근력은 근육과 똑같다. 단련할수록 발달하고, 단련하지 않으면 무뎌지고 쓸모를 잃게 된다. 더 늦기 전에 지금 당장 시작하라.

버디 잡고 싶은 날

미국 미시건주 디트로이트 앤 아버에 위치한 트래비스 포인트 골프클럽 9번홀 위로 몇 마리의 새(bird)가 무리를 이루며 날아갔다. 누군가의 버디(birdy)를 축하라도 해주는 것일까. 지금이 기회다. 버디를 잡아라.

어디서든 숙면할 수 있는가

내 기도가 전혀 먹히지 않는 곳은 골프장이다.
빌리 그레엄 *Billy Graham*

 잠은 어떤 보약보다 효과가 좋다. 잠만 잘 자도 우리 몸에서 원하는 에너지를 대부분 충전할 수 있을 뿐만 아니라 면역력을 키워 항원으로부터 우리 몸을 보호할 수 있다. 잠을 자야만 근육과 조직이 회복·발달한다. 죽거나 다친 세포도 재생·치료할 수 있다. 몸이 재산인 운동선수들에게는 더 중요한 시간이다. 운동량이 많은 선수일수록 더 길고 깊은 수면이 필요하다. 하루 열 시간 이상 운동하는 선수의 수면 시간이 네 시간뿐이라면 운동 효과가 떨어질 뿐만 아니라 운동 수행 능력도 제대로 발휘하지 못한다.[23]

 《허핑턴포스트》 설립자 아리아나 허핑턴 Arianna huffington의 저서 『수면 혁명』에는 미국 스탠퍼드 대학교 농구팀 11명의 수면과 운동 수행 능력 측정 보고서 일부가 게재되어 있다. 보고서에 따르면, 스탠퍼드 대학교 농구선수들은 하루 평균 6시간 30분을 잤는데, 수면 시간을 두 시간 늘렸더니 자유투 성공률 9.5%, 3점 슛은 9.2% 올라갔다.

세계적인 골프선수들을 봐도 수면의 중요성을 실감할 수 있다. 최경주는 2012년 출간한 자신의 저서 『코리안 탱크, 최경주』에서 PGA 투어 성공비결 중 하나로 숙면을 꼽았다. 누우면 금세 잠이 드는 체질이어서 어떤 상황에서도 숙면에 들 수 있었다는 것이다. 낯선 이국땅에서 살인적인 스케줄을 소화하면서도 많은 우승을 차지할 수 있었던 비결이다.

일본에서 통산 23승을 거둔 이지희는 '숙면의 달인'이다. 그의 롱런 비결도 숙면에서 찾을 수 있다. 자동차 안이든 비행기 안이든 호텔이든 집이든 상관없이 누울 자리만 있으면 숙면에 들 수 있다. 주변이 시끄러워도 숙면에는 방해가 되지 않았다. 마흔에 가까운 나이에 이국땅에서 전성기를 누릴 수 있었던 비결이 바로 숙면이었다.

그러나 잠이 부족하면 집중력이 저하되고 심한 피로감을 느껴 운동경기는 물론이고 일상생활에서도 실수하거나 사고를 일으킬 가능성[24]이 크다. 이런 날이 오랫동안 이어지면 뇌 기능이 떨어지면서 운동능력도 저하된다. 아침마다 멍한 증상이 나타나면 브레인포그 Brain fog가 올 수도 있다. 브레인포그란 머리가 멍한 상태가 계속되어 사고력이나 판단력이 떨어지고 우울감을 동반하는 증상을 말한다. 선수 수명을 단축하는 원인이 될 수 있으니 가볍게 여겨서는 안 된다.

감정 조절에도 문제를 일으킬 수 있다. 잠이 부족하면 감정을 느끼고 그에 대처하는 능력에 문제가 생긴다는 연구 결과도 있다. 여러 가지 감정 신호 중 두려움은 갑작스럽게 위험한 상황이 벌어졌을 때 적절히 반응하고 대처할 수 있게 해준다. 두려움을 처리하는 경로에는 뇌의 일부와 심장이 연관되어 있는데, 잠이 부족한 사람은 이 경로가 제대로 작동하지 않는다. 그 결과 위험한 상황을 판단하지도, 그에 대해 적절한 반응을 보이지도 못했다는 보고[25]도 있다.

숙면을 잘 하려면 일상이 규칙적이어야 한다. 늘 같은 시간에 잠자리에 들고, 같은 시간에 일어나면 알람만큼이나 정확한 생체 시계가 맞춰진다. 뇌는 잠 잘 시간이 되면 하품으로 잠자리에 들 시간이 되었다는 신호를 보낸다. 물론 잠자리에 든다고 해서 늘 숙면할 수 있는 건 아니다. 시즌 중 거의 매주 낯선 잠자리에서 잠을 청해야 하는 투어프로에겐 중요한 문제다.

숙면하지 못하는 운동선수의 60%는 불안감이 원인이다. 낯선 잠자리에 대한 불안감, 대회를 앞둔 불안감, 몸 상태나 샷감에 대한 불안감 등이다. 잠들기 전에 불안한 생각을 한 사람은 잠드는 데 12분가량 더 걸린다[26]고 한다. 뛰어난 성적을 내는 운동선수도 다르지 않다. 뇌가 불안을 느끼면 심장 박동수를 늘리기 때문이다. 잠자기 전에 불안한 생각만 하지 않아도 10분 이상 일찍 잠들 수 있는 셈이다.

숙면에 좋은 습관은 뭐니 뭐니 해도 운동이다. 운동 중에서도 골프처럼 야외에서 하는 운동이 좋다. 야외에서 햇빛을 받으며 한 시간 이상 운동하면 멜라토닌Melatonin이 생성되어 수면의 질을 높일 수 있다. 운동을 길게 열심히 할수록 낮 동안 아데노신Adenosine이 많이 쌓여 밤에 더 깊이 잘 수 있다. 아데노신은 천연 수면 보조제로 뇌를 비롯한 신체의 모든 세포에서 발견되는 화학물질[27]이다. 운동량이 많아 아데노신이 쌓이면 어디에서든 깊이 잠들게 된다.

잠자기 전에는 호흡을 안정시키는 명상이나 가벼운 요가가 숙면에 도움을 준다. 잠들기 최소 30분 전에는 방안을 어둡게 해서 뇌에 잠잘 시간이 되었다는 것을 알리는 것이 좋다. 따뜻한 차나 물을 마시고 자는 것도 숙면에 좋다. 과격한 운동을 하거나 TV, 스마트 기기 등으로 영상을 보고 게임을 하는 것은 숙면에 방해가 되니 삼가야 한다.

내 눈엔 너만 보여

2017년 미국 미시건주 디트로이트 앤 아버의 트래비스 포인트 골프클럽에서는 LPGA 투어 볼빅 챔피언십이 열렸다. 갤러리 사이로 알록달록한 국산 골프공 브랜드 배너가 눈에 들어온다. 국뽕이 차오른다. 내 눈엔 그것밖에 보이지 않았다.

질 좋은 휴식을 취했는가

골프의 신은 열심히 하는 자에게 행운을 가져다준다.
샘 스니드 *Sam Snead*

훈련만큼이나 중요한 것이 휴식이다. 훈련으로 습득한 기술과 전술은 잠을 자거나 휴식을 취하는 동안 완전히 내 것이 된다. 운동은 열심히 하지만, 휴식에 인색한 사람은 운동 효율성이 떨어질 수밖에 없다. 밑 빠진 독에 물을 붓는 것과 크게 다르지 않다. 운동과 함께 규칙적인 휴식을 취해야만 운동을 통해 습득한 기술과 체력을 온전히 내 것으로 만들 수 있다.

휴식 부족으로 인한 부작용은 우리가 알고 있는 것보다 훨씬 많다. 첫 번째로 집중력이 떨어진다. 운동을 장시간 해도 좀처럼 집중하지 못한다. 열 시간 운동해도 운동 효과는 제로에 가깝다. 잠을 자지 못하면 머리가 묵직하고 회전이 되지 않는다. 당연히 운동 효과는 떨어진다. 집중력이 떨어진다는 건 뇌가 휴식을 달라고 보내는 신호다.

우리 몸은 스트레스를 받으면 교감신경계가 활성화한다. 이에 따라 긴장 호르몬인 카테콜아민Catecholamine을 혈액 속으로 분비한다. 카테콜아민에는 도파민, 에피네프린, 노르에피네프린이 있다. 카테콜아민이 분비되면 전신 근육이 수축하고 심장이 빨리 뛴다. 뇌에서는 편도체를 활성화해서 위험에 대한 반응을 강화하는 동시에 기억력과 집중력[28]을 떨어트린다.

두 번째는 몸의 반응 속도가 느려진다. 근력뿐만 아니라 모든 운동신경이 둔해져서 스윙 스피드가 눈에 띄게 떨어진다. 당연히 비거리도 나지 않는다. 스윙 자세도 흐트러지기 쉬워서 좋았던 샷감마저 잃을 수 있다.

세 번째는 무기력해진다. 평소와 달리 연습에 의욕이 생기지 않는다. 평소 골프 하면 자다가도 벌떡 일어나던 사람도 피로가 쌓이면 재미를 느끼지 못한다. 한순간 흥이 나서 분위기를 타다가도 쉽게 가라앉아버린다. 이런 상태가 오래가면 골프에도 신물을 느낀다. 오랜 슬럼프로 이어질 수 있다.

네 번째는 감정 조절이 어려워진다. 신경이 예민해져서 모든 일에 감정적으로 대처해 일을 그르칠 수 있다. 작은 것 하나에도 신경이 쓰인다. 작은 소리에도 민감하게 반응하고, 동반 플레이어의 사소한 몸짓에도 불쾌감을 느낀다.

이렇게 휴식이 부족할 때 뇌가 보내는 신호는 다양하다. 그런데도 휴식이 부족한 당사자는 휴식이 부족하다는 것을 잘 느끼지 못한다. 충분한 수면과 휴식을 취했다고 착각하기 때문이다. 그래서 집중력이 떨어지고 몸의 반응 속도가 느려져도 휴식 부족 탓이 아니라고 생각한다.

휴식의 질보다 양을 우선으로 생각하는 것이 문제의 시발점이다. 얼마나 쉬었는지만 생각하고 어떻게 쉬었는지는 생각하지 않는다. 그러면 휴식을 많이 취하고도 휴식 부족이라는 아이러니한 증상이 나타난다. 잠을 많이 자고도 수면 부족을 느끼는 현상과 똑같다. 긴 시간 잠을 자더라도 숙면하지 못하면 만성수면 부족에 시달리는 것처럼 말이다.

휴식도 운동하는 것만큼 공을 들여야 한다. 평소 훈련을 마치고 집이나 숙소로 돌아가서 질 좋은 휴식을 했는지 생각해보라. 휴식 시간에 스마트폰으로 장시간 인터넷 검색을 하거나 소셜 미디어를 들여다보고 모바일 메신저로 문자를 주고받고 유튜브 동영상을 보고 넷플릭스에서 영화나 드라마를 감상하는 것은 질 좋은 휴식이 아니다. 이런 행동을 할 때 뇌는 휴식으로 받아들이지 않는다. 훈련할 때처럼 활발하게 활동하면서 에너지를 쓰고 있다. 휴식은커녕 피로가 더 쌓인다. 눈은 침침해지고 목과 어깨는 딱딱하게 굳는다.

피로를 푸는 데 투입되어야 할 에너지가 엉뚱한 곳으로 세어나가기 때문에 다음 날 운동에도 좋지 않은 영향을 준다.

운동선수에게 휴식은 중요한 자기관리다. 휴식이라는 기본적인 자기관리마저 소홀히 한다면 선수 생활을 오래 하기 어렵다.

휴식을 취할 때는 강요에 의한 것보다 자발적인 휴식이 더 효과적이다. 지나치게 많은 휴식도 문제다. 잠을 너무 많이 자도 부작용이 생기는 것처럼 휴식도 지나치면 이로움보다 해로움이 많아진다. 휴식 시간이 길어지면 지루함을 느낀다. 더 길어지면 죄책감이 들기 시작한다. 그것이 또 다른 스트레스의 원인이 된다.

머릿속이 복잡해

김세영이 페어웨이 세컨드샷 지점에서 허리 스트레칭을 하고 있다. 아픈 허리를 조심스럽게 늘려주는 사이에 수많은 생각이 머릿속을 헤집고 지나갈 것이다. 다음 샷에 대한 부담감, 허리 통증에 대한 부담감이 머릿속에서 확산하지 않도록 자신과의 싸움을 치르고 있을 것이다.

혼자 되는 것이 두려운가

실수는 누구나 한다. 승자는 그것을 인정하고 다음 샷에 집중한다.
벤 호건 *Ben Hogan*

휴식의 질을 높이기 위한 가장 좋은 방법은 혼자가 되는 것이다. 자신의 내부수용감각(몸에서 일어나는 자극이나 변화를 감지하는 감각)에 귀를 기울이는 시간을 가져보라. 온전히 자신만을 위한 시간이다. 몸에서 어떤 변화가 일어나고 있고, 몸이 무엇을 원하는지 느낀다면 짧은 시간이라도 질 좋은 휴식을 취할 수 있다. 방에 혼자 있을 때 가볍게 몸을 늘려주거나 호흡을 가다듬으면 더 효과적이다.

왜 혼자여야 하는가. 혼자여야만 온전히 자신에게 집중할 수 있기 때문이다. 심리학자 펠리시티 캘러드Felicity callard는 사람들이 혼자만의 시간을 휴식으로 받아들이는 것은 자신의 감정에 귀를 기울일 수 있기 때문이라고 추측했다.[29]

뇌는 누군가와 함께 있으면 여러 사람에게 에너지를 소모한다. 누군가와 이야기하거나 인사를 하고 주변 사람에 마음을 쓰게 되어 있다. 신경 쓰지 않으려 해도 신경이 쓰인다. 누군가가 나를 부를 수도 있고, 또 누군가는 나를 바라보고 있을 수도 있으니 온전히 나에게 집중할 여유가 없다. 누군가와 함께 있으면 휴식 시간이라도 휴식이 아니다.

창의적인 아이디어가 떠올랐을 때를 생각해보라. 여러 사람이 머리를 맞대고 고민할 때는 떠오르지 않다가 일을 덮고 침대에 누웠을 때나 혼자서 길을 걷거나 산책을 하다가, 아무 생각 없이 멍하니 앉아 있다가, 화장실에서 용변을 보다가, 책을 읽다가 아이디어가 불쑥 떠오를 때가 많다. 전부 혼자 있을 때다.

많은 골프선수가 연습을 마친 뒤 숙소에서 혼자 조용히 휴식하는 이유가 이 때문이다. 여자 선수들은 한 방에 모여 장시간 수다를 떨며 스트레스를 풀기도 하지만, 이 역시 좋은 휴식 방법은 아니다. 수다로 스트레스를 푸는 것은 1~2분이면 충분하다.

니체Friedrich wilhelm nietzsche는 "훌륭한 생각은 산책을 할 때 떠오른다"라고 말한 바 있다.[30] 뇌는 혼자 있을 때 온전히 휴식에 집중할 수 있다. 그에 대한 보상은 빠르게 돌아온다.

악마의 유혹

몽골 징기스칸 골프장은 거칠고 황량하다. 악마가 "이곳으로 오라"며 속삭이는듯하다. 길고 거친 러프에 공이 떨어지기라도 하면 영원히 벗어나지 못할지도 모른다. 구름은 낮게 내려앉아서 금방이라도 나를 덮칠 것만 같다. 불길한 생각은 이렇게나 빨리 확산한다. 이럴 땐 이곳이 세상에서 가장 아름다운 코스라고 생각해.

코로 호흡했는가

좋은 스코어는 좋은 마음에서 시작된다.
찰리 호프만 *Charley Hoffman*

골프는 고도의 정확성을 요구하는 게임이다. 임팩트 순간 아주 미세한 흔들림이라도 수습하기 어려운 결과를 초래할 수 있다. 그 점에서 사격, 양궁 같은 표적을 맞히는 스포츠와 비슷하다. 0.001㎜의 오차도 허락하지 않는 냉엄한 승부의 세계다. 그만큼 호흡이 중요하다. 호흡이 경기력이고, 경기력이 곧 호흡이다.

18홀을 라운드하는 동안 호흡을 어떻게 다스렸냐에 따라서 경기 내용과 결과가 달라진다. 호흡을 제대로 다스리지 못해 라운드 내내 헐떡거리면서 플레이했다면 스코어보드 높은 곳에 이름을 올리지 못한다. 반대로 라운드 내내 편안한 호흡이 이어졌다면 틀림없이 스코어보드 높은 곳에 이름이 올라가 있을 것이다.

그런데 골프는 사격, 양궁처럼 호흡을 일정하게 유지하기가 매우 어렵다. 광활한 필드를 경기 내내 걸어 다니며 플레이해야 하기 때문이다. 때로는 산을 넘고, 물웅덩이를 지나 벙커를 피하고 숲을 헤쳐나가 목적지까지 가야 한다.

경기 중에 호흡을 안정시키고 마인드를 컨트롤하기 위해서는 입이 아닌 코로 호흡하는 것이 좋다. 추측하건대 다수의 선수가 코가 아닌 입으로 호흡하고 있을 것이다. 입으로 호흡하는 쪽이 훨씬 많은 공기를 들이마실 수 있어서 호흡이 수월하게 느껴지기 때문이다.

그러나 입으로 호흡하면 코에서 뇌로 이어지는 직통 라인을 크게 돌아가는 셈이다. 그러면 호흡과 뇌는 제대로 교감하지 못해서 정보의 전달과 저장에 어려움을 겪게 된다. 빠른 고속도로를 타지 않고 꼬불꼬불한 국도를 이용해 화물을 운송하는 것과 같다. 에너지와 시간만 낭비하고 업무 효율성과 영업이익은 오르지 않는다.

노스웨스턴대학교 신경생리학자 크리스티나 젤라노 Christina zelano와 그의 연구팀에 따르면 호흡은 기억과 정서 처리 같은 뇌의 활동에 지휘자 역할을 한다. 뇌파와 호흡의 동기화가 밀접하게 이루어질수록 사람들은 기억으로 돌아온 정보를 잘 저장하고 잘 찾아낼 수 있으며, 위험 신호에 빠르게 반응[31]한다는 것이다.

무의식중에 하는 호흡이라고 해서 하찮게 생각해선 안 된다. 무의식중에 이루어지는 호흡이 경기의 질을 높일 수도 있고, 떨어트릴 수도 있다. 숨이 차다고 해서 입으로 호흡하면 호흡이 안정되기는커녕 더 거칠어져서 다시 질 나쁜 플레이로 나타나는 악순환이 이어질 수 있다. 플레이 중에 입을 벌리고 헐떡대는 모습은 보기에도 좋지 않다.

호흡도 훈련을 통해서 질 좋은 호흡으로 개선할 수 있다. 질 좋은 호흡은 깊고 느린 호흡이다. 깊고 느린 호흡은 불안감을 억제해 심신을 안정시키며, 산소와 이산화탄소의 균형을 맞춰 우리 몸을 투쟁-도피 반응Fight-or-flight response 상태에서 정상으로 되돌린다.

건강한 성인의 정상적인 호흡은 분당 12~20회로 알려져 있다. 20회를 넘어간다면 숨 쉬는 연습부터 다시 해야 한다. 숨을 의식적으로 깊게 들이마시고 천천히 내쉬는 방법이 좋다. 이것을 횡경막호흡법이라고 한다. 호흡을 안정시키고 긴장을 풀어주며 머리를 맑게 하는 효과가 있다.

이 방법이 익숙해졌다면 분당 호흡을 좀 더 줄이는 연습을 하라. 호흡이 안정되면 스윙은 자연스럽게 안정된다. 최근 실험 결과에 따르면 분당 6회 호흡했을 때 마음이 가장 편안하고 안정되는 것으로 나타났다. 심리학 박사 겸 작가 켈리 맥고니걸Kelly mcgonigal은 호흡 리듬을 1분간 12회 이하로 하면 심박수가 내려가기 시작하고, 최종적으로 1분에 6~8회 정도로 호흡할 수 있다면 의지력은 확실하게 강해진다고 주장했다. 이는 얕은 호흡으로는 쉽게 좌절할 수 있다는 뜻이기도 하다.[32]

무릉도원일까?

한 폭의 그림 같은 이곳은 중국 산둥성 옌타이시에 있는 남산 골프장이다. 산과 물과 잔디 굴곡이 아름답게 조화를 이룬다. 보는 것만으로도 힐링이 되지만, 직접 라운드를 해보면 지옥이 따로 없다.

자존감이 낮은가

실패는 성공의 다른 이름이다.
제이슨 데이 *Jason Day*

멘탈 스포츠인 골프에서 자존감이 낮은 선수는 살아남기 어렵다. 자존감은 자아존중감이라고도 한다. 자신이 사랑받을 만한 가치가 있는 소중한 존재이고 어떤 성과를 이뤄낼 만한 유능한 사람이라고 믿는 마음이다.[33] 나조차도 나를 유능한 선수라고 믿지 못하는 사람이 투어에서 좋은 성적을 내기를 기대하는 건 무리다.

자존감은 스스로 끌어올려야 한다. 누구도 도와주지 않는다. 안타깝지만, 자존감의 가장 중요한 근간은 어릴 때 형성된다. 안전기지Secure base의 형성과 적당한 좌절Optimal frustration의 경험이 자존감 형성[34]에 중요한 요건이다.

안전기지는 영국의 정신과 의사이자 정신분석학자인 존 볼비Edward john mostyn bowlby가 제시한 이론으로, 세상을 살면서 언제나 든든한 내 편이 되어주는 존재를 말한다. 부모와 가족이 대표적인 안전기지다. 인간은 누구라도 실패와 좌절을 거듭하지만, 부모 또는 가족이라는 안전기지가 있어서 안전하고 위로받고 든든하고 감사한 마음을 느끼면서 자존감을 키우며 성장하는 것이다.

어릴 적 형성된 자존감을 성인이 된 이후에 고치기는 쉽지 않다. 뇌는 나이가 들수록 방어적인 태세로 변한다. 예민한 사람일수록 방어적 태세를 강화한다. 뇌를 탓하지는 마라. 뇌는 어디까지나 자존감 낮은 당신을 위험으로부터 보호하기 위해 더 방어적인 태세를 보이는 것이다. 당신의 보디가드 같은 역할을 하는 셈이다. 정상적으로 일을 잘하고 있으니 오히려 칭찬을 해줘야 한다.

낮은 자존감의 늪에서 빠져나오는 건 오로지 당신의 실행력에 달려 있다. 뇌는 신호를 보낼 뿐 명령이나 지시는 하지 않는다. 선택권은 당신에게만 있다. 어떻게 할 생각인가. 뒤로 빠지거나 숨을수록 더 깊은 늪으로 빠져든다.

성적이 안 나오면 더 많은 연습을 하면 된다. "연습량을 늘렸더니 자존감과 자신감이 돌아왔다"라는 우승 선수들의 인터뷰 내용을 어렵지 않게 접할 수 있었다. 연습량이 자존감을 높이는 데 중요한 작용을 한다는 단서다. 실제로 강도 높은 훈련은 자존감을 높이는 데 효과가 있는 것으로 여러 연구 결과를 통해서 알려졌다. 훈련으로 받는 스트레스가 인체의 내성을 키워서 자존감에 영향을 주는 스트레스에 저항할 수 있도록 돕기 때문이다. 훈련으로 예방주사를 맞는 셈이다.

그렇다고 계획성 없이 무작정 훈련에 뛰어드는 것은 좋지 않다. 훈련을 중도에 포기하면 자존감에 더 큰 상처를 줄 수 있다. 장기 계획과 단기 계획을 꼼꼼하게 작성해서 매일 미션을 수행하듯이 실천해나가야 한다. 날마다 새로운 목표를 설정하면 동기부여가 생긴다. 목표했던 훈련량과 미션을 완벽하게 소화해보라. 성취감과 보람이 찾아온다. 이렇게 목표했던 훈련들을 하루하루 해치우면 자존감은 자연스럽게 올라간다.

만약 3개월 이상 이 같은 루틴을 반복한다면 계획성 있는 훈련이 얼마나 큰 성취감을 가져다주는지 알게 될 것이다. 당신은 훈련에 중독 아닌 중독이 된다. 훈련이 고되다는 것을 알면서도 단 하루도 거르지 못한다. 장기 계획과 목표까지 완벽하게 소화해냈다면 당신은 이미 높은 자존감을 가진 유능한 골퍼다. 뇌는 당신의 오랜 노고에 높은 자존감으로 답례한다. 오랜 패배감에서 벗어나 높은 자존감을 얻게 될 것이다. 지금도 늦지 않았으니 당장 시험해보기 바란다.

야무진 한입

2017년 BMW 레이디스 챔피언십 프로암에 출전한 최민경이 익살스러운 포즈를 취하고 있다. 이까짓 거 한입이면 충분하다는 듯이. 평상시 노력에 대한 보상이 고급 외제 승용차라면 노력과 보상의 양팔 저울은 평행을 이룰까?

어디에 소속되어 있는가

골프의 가장 큰 적은 부정적인 생각이다. 긍정적으로 생각하면 모든 것이 가능하다.
세베 바예스테로스 *Seve Ballesteros*

골프는 개인 스포츠다. 누군가와 함께하지 않아도 혼자서 얼마든지 골프를 즐길 수 있다. 혼자서 연습하고, 혼자서 연구하며, 혼자서 대회에 출전할 수도 있다. 그런 면에서 골프는 대단히 개인주의적인 운동이면서 고독한 운동이다.

하지만 같은 스윙 동작을 오랫동안 혼자서 반복 운동하다 보면 지루함을 넘어 괴로움을 느끼기도 한다. 뇌는 혼자 있을 때 해방감을 느끼지만, 혼자 있는 시간이 길어지면 불안을 느끼기 시작한다. 혼자서는 외부 환경으로부터 몸을 지키는 데 한계가 있기 때문이다. 혼자 있는 시간이 길어질수록 많은 스트레스가 쌓이면서 자신감마저 잃게 될 가능성이 크다.

이런 문제를 해결하는 가장 쉬운 방법은 누군가와 함께

운동하거나 특정 무리에 소속되는 것이다. 여러 사람과 함께 운동하거나 무리에 소속되면 스트레스에 좀 더 오랫동안 견딜 수 있을 뿐만 아니라 육체적 피로나 통증도 덜 느낀다는 연구 결과가 있다.

저명한 뇌과학자 제니퍼 헤이스Jennifer heisz는 자신의 저서 『운동의 뇌과학』에 미국의 한 대학 조정팀 관찰 결과를 게재했다. 결과에 따르면, 혼자 노를 저을 때보다 함께 저을 때 고통을 더 잘 견디고 더 멀리 더 빨리 이동한다. 혼자서는 도저히 오를 수 없을 것 같았던 산을 여러 사람이 함께하면 오를 수 있는 것도 같은 현상이다.

뇌는 누군가와 함께 운동하는 동안 엔도르핀을 펌프질하기 때문에 지루함이나 통증보다 즐거움을 더 느낀다. 혼자서 운동할 때보다 피로감도 덜 느끼고, 부상으로 인한 통증도 어지간해서는 견딜 수 있게 된다.

골프도 마찬가지다. 개인 운동으로 팀워크가 필요하지는 않지만, 동료선수들과 함께하는 것만으로도 힘든 훈련을 거뜬히 소화해낼 수 있다. 적당한 긴장감과 경쟁심까지 더해지면 초인적인 힘이 나오기도 한다. 이것을 노르에피네프린Norepinephrine 효과 또는 노르아드레날린Noradrenaline 효과라고 한다.

에이브러햄 매슬로Abraham maslow 박사의 욕구 계층설에 따르면, 인간은 기본적인 의식주와 안전의 욕구를 넘어서면 사회적으로 무리에 소속되고 싶은 욕구를 느낀다. 무리에 소속된 인간은 안정감을 느끼면서 자존감이 올라가지만, 무리에 포함되지 않은 인간은 불안감을 느끼면서 자존감도 낮아진다. 많은 사람이 큰 무리에 기대어 가거나 악착같이 유행을 따르려 하는 것도 알고 보면 이러한 특성 때문이다.

비슷한 예로 국내 프로골프구단 소속 선수들의 심리상태를 들 수 있다. 국내 골프계에는 2010년 이후 골프구단 창단이 줄을 잇고 있다. 개인 스포츠인 골프에 골프구단이라는 말 자체가 아이러니하지만, 골프선수들은 팀이나 구단이라는 말에 상당한 친근감을 보인다. 학교를 졸업한 뒤 소속 없이 오랫동안 혼자 운동하던 선수 대부분은 혼자라는 스트레스로 크고 작은 고충이 있었기 때문이다. 다른 구기 종목처럼 한 팀으로서 함께 훈련하고 경기에 나서는 일은 거의 없으나, 같은 소속사 로고를 달고 뛴다는 소속감만으로도 돈으론 환산하기 어려운 가치가 있는 것이다. 선수들의 뇌는 여러 선수와 같은 팀원이 되는 것을 상상하는 것만으로도 엔도르핀과 엔케팔린Enkephalin을 펌프질하면서 행복감을 표출한다. 한동안 부진했던 선수가 새 구단과 계약하면서 펄펄 나는 경우가 종종 있는데, 이 역시 비슷한 심리 효과라고 보면 된다.

그린으로 가는 길

그린으로 가는 길은 험하지만 아름답다. 험한 것만 보면 험한 코스이고, 아름다운 것만 보면 아름다운 코스가 된다. 더블보기를 하면 온 세상이 지옥이 되고, 버디를 하면 풀 한 포기, 나무 한 그루까지도 아름답게 느껴지는 것처럼.

누군가를 질투해본 적이 있는가

상대의 게임은 상대에게 맡기고 자신의 게임에만 몰두하라.
타이거 우즈 *Tiger Woods*

남의 불행에 기뻐하는 감정을 샤덴프로이데Schadenfreude 라고 한다. 사람들은 겉으로는 동료의 성공을 축하해주고 진심으로 기뻐하는 것 같지만, 속으로는 질투와 시기심에 시달리는 경우가 많다. 반대로 동료의 실패를 동정하고 위로하는 것처럼 보여도 속으로는 그의 불행에 기뻐하는 감정을 느끼는 것이 근원적인 감정[35]이다. 인간은 전두엽이 발달해 이성적이고 합리적인 생각을 할 수 있으나 시기나 질투심 같은 원초적인 감정까지 억누르지는 못한다.

질투심이 나쁜 것만은 아니다. 질투심이 부정적인 의미라고 생각해서 머릿속에서 지워버리려는 사람도 있는데, 절대로 그럴 필요가 없다. 적당하고 건강한 질투심이라면 얼마든지 가져도 좋다.

건강한 질투심이란 상대를 질투하되 뒤에서 상대를 비방하거나 편법과 반칙으로 상대의 발목을 잡지 않고 순수한 노력으로 상대를 뛰어넘으려는 마음이다. 자신보다 잘하는 사람이 있다면 본보기로 삼아 더 잘하려는 마음을 가져야 한다. 적당하고 건강한 질투심은 경쟁심을 유발해 실력 향상에 도움을 준다.

질투의 대상은 실력이 비슷하거나 나보다 잘하는 사람일 것이다. 타깃이 정해졌다면 질투심을 폭발시켜도 좋다. 적당하고 건강한 질투심은 성장촉진제다. 질투심을 투지와 열정의 연료로 삼으면 된다. 그러면 한없이 무기력하고 나태했던 생활에 변화가 일어난다. 뇌가 보내는 질투심이라는 신호에 게으름을 피우기는 어렵다. 뇌가 보내는 신호를 잘 활용하면 건강하게 경쟁하면서 실력을 키워나갈 수 있다.

반면에 건강하지 못한 질투심, 다시 말해 사악한 마음을 가지면 상대방보다 잘 하려는 노력은 하지 않고 시기만 한다. 어떻게든 상대방을 끌어내리려는 생각으로 에너지를 소모한다. 자기 발전에 도움이 안 될 뿐 아니라 정신 건강에도 이롭지 않다. 결국에 돌아오는 것은 자존감 하락뿐이다. 이런 질투심은 처음부터 갖지 않는 것이 좋다.

인격이 완성되지 않은 어린 나이에 건강하지 않은 질투심을 가지면 더 위험하다. 잘못된 승리욕에 사로잡혀 질투심만 커지고 창의력은 발달하지 못한다. 건강하지 않은 질투심을 그대로 방관하면 언젠가는 내가 다치거나 상대방을 다치게 한다. 이기기 위해 규칙도 어긴다. 어릴 때 형성된 인격은 성인이 되어서도 고치기 어렵다. 프로 대회에서 알까기 같은 최악의 비양심 플레이가 여전히 존재하는 이유다.

나보다 잘하는 사람 앞에서 질투심을 느끼는 건 당연한 현상이다. 좀 더 분발하라는 의미에서 뇌가 보내는 신호다. 뇌는 절대로 명령을 내리지 않는다. 저명한 심리학자 가이 클랙스턴Guy claxton에 따르면 뇌는 모든 생각과 결정의 주조정자나 결정권자라기보다는 신체와 정신 간의 대화를 주최하는 일종의 대화방 역할을 한다. 뇌는 결정권자가 아닌 조력자로서 주요한 화두를 꺼내고, 모두가 의견을 내놓고 공동의 행동 계획을 만들게 한다.[36]

결국, 질투심이라는 신호를 받고 언제 무엇을 어떻게 실행할 것인가는 온전히 당신의 판단이다. 상대의 발목을 잡을 것인가. 아니면 상대를 뛰어넘기 위해 더 노력할 것인가.

구름과 말동무하며

구름이 낮게 내려앉은 코스는 이채롭다. 몽골 징기스칸 골프장에서 구름과 말동무하며 라운드하면 지루함은 얼씬도 하지 못한다. 손을 뻗으면 닿을 것 같아서 가끔 손을 올려보지만, 그럴수록 구름은 멀리 달아나버린다.

루틴을 전략적으로 활용할 수 있는가

생각이 가장 적을 때 스윙이 가장 좋다.
보비 존스 *Bobby Jones*

골프는 흐름의 게임이다. 좋은 흐름에 올라타면 좋은 분위기 속에서 좋은 샷감을 유지하며 좋은 플레이를 장시간 이어갈 수 있다. 반면에 흐름을 잃으면 리듬이 깨지고 좋았던 샷감도 달아난다. 한 번 빼앗긴 흐름은 좀처럼 다시 가져오지 못한다. 결국, 좋은 흐름을 얼마나 오랫동안 유지하냐가 그날 스코어를 좌우한다 해도 과언이 아니다.

물론 뜻대로 되지 않는다. 좋은 흐름에 올라타고 싶지 않은 골퍼는 아무도 없다. 샷 한 번에 기분이 가라앉고 좋았던 분위기가 깨지는 건 순식간이다. 마음이 흔들리고 분위기가 뒤집히는 것을 알고 있어도 의지만으로 막아내기는 어렵다.

한 가지 방법이 있다면 루틴이다. 루틴은 좋은 흐름을 오랫동안 이어가고, 빼앗긴 흐름을 다시 가져오기 위한 효과적인 기술이다. 루틴은 최상의 경기력을 펼치기 위해 행하는 일련의 동작들이다. 골프 기술과는 무관하고, 일종의 습관이라고 생각하는 사람이 많다.

사실 루틴은 골프 경기에서 일어나는 수많은 착각 중 하나다. 루틴이 좋은 스윙을 만든다는 착각이다. 우리가 루틴을 정성스럽게 하는 이유가 좋은 스윙으로 이어질 것이라는 믿음이 있어서다. 그러나 루틴과 좋은 스윙은 상관관계가 없다. 뇌의 일방적인 착각일 뿐이다. 우리는 그것을 전략적으로 이용해서 루틴을 한다. 뇌는 루틴을 하는 순간 좋은 스윙을 할 것이라고 착각해서 호흡을 안정시키고 긴장을 완화하기 때문이다. 이것을 원인착각이라고 한다. 까치가 울면 반가운 손님이 찾아온다는 미신이나 숫자 4를 죽을 사死자와 연결지어 불길하게 받아들이는 것처럼 수없이 많은 징크스가 여기에 해당한다.

미국의 심리학자 밥 로텔라Bob Rotella는 자신의 저서 『내 생애 최고의 샷』에 "루틴의 전반적인 목표는 편안함을 만들고 마음의 안정을 찾기 위함이다. 견고하고 일관된 루틴은 샷을 할 때마다 머리를 맑게 하고 샷에 전념하도록 만든다"라고 기술하고 있다. 이것은 루틴의 1차 목적이다.

루틴의 2차 목적은 루틴으로 경기 흐름을 유지하거나 바꾸는 데 있다. 즉, 루틴도 골프 경기력과 기술 중 하나라고 할 수 있다. 그것도 고도의 전략적 기술이다. 루틴을 어떻게 행하냐에 따라서 그날 흐름이 뒤바뀔 수 있다.

이 기술을 잘 활용하는 선수는 신지애다. 신지애는 어떤 순간에도 자신만의 루틴을 지킨다. 팽팽한 긴장감이 감도는 상황에서도, 흐름을 빼앗겨 끌려가는 상황에서도, 시간이 촉박해 쫓기는 상황에서도, 절체절명의 위기나 기회에서도 늘 똑같은 루틴을 실행한다. 신지애가 고도의 몰입 상태인 존에 들어서 오랫동안 플레이할 수 있는 비결도 한결같은 루틴에 있다.

신지애의 루틴을 좀 더 들여다보면 단순히 샷감 유지와 리듬감만을 위해서가 아니라 경기의 주도권을 빼앗기 위해 전략적으로 활용하고 있다는 것을 알게 된다. 동반 플레이어의 리듬에 맞춰주지 않고 자신만의 리듬을 철저하게 지킴으로써 상대의 힘을 빼고 경기 흐름을 가져오는 기술이 오랜 훈련으로 몸에 배어 있는 듯하다.

루틴을 만드는 데 있어서 중요한 것은 오로지 자신만을 위한 동작이어야 한다는 점이다. 자신의 경기력과 리듬감을 유지하기 위함이니 당연하다. 자신이 실전에서 가장 편안하고 자연스럽게 플레이할 수 있도록 돕는 동작들을 찾아야 한다. 동반 플레이어에게 편안함을 주고, 갤러리에게 잘 보이기 위해 하는 행동이 아니라는 것이다. 내게 허락된 시간 안에만 끝내면 된다. 그러니 여러 사람이 한다고 해서, 스타 선수가 한다고 해서 그것을 그대로 따라서 할 필요가 전혀 없다. 루틴도 연습을 통해서 자신만의 독창적인 동작을 개발해야 한다.

한 가지 주의할 점이 있다. 지나치게 길거나 불필요한 웨글을 반복하는 것은 좋지 않다. 아무리 내게 허락된 시간이 있다고 해도 상습적으로 시간을 지연하는 듯한 모습을 보이면서 동반 플레이어를 자극하면 분쟁의 소지가 다분하다. 아무리 성적이 좋아도 좋은 평가를 받지 못한다.

저평가

한때 안신애, 유현주와 함께 한국 여자골프 미녀 3인방으로 불렸던 박결. 안정된 스윙과 탁월한 샷 정확도는 국내 최정상급이었으나 외모 신드롬으로 인해 실력이 저평가된 느낌이다.

시차 적응에 실패했는가

골프에서 가장 중요한 샷은 다음 샷이다.
벤 호건 *Ben Hogan*

해외만 나가면 생체 시계가 엉망이 된다. 밤잠은 오지 않고 필드에서 플레이할 시간에는 졸음이 온다. 몸이 무겁고 집중력도 평소와 다르다. 성적은 기대에 못 미친다. 시차증時差症 때문이다.

시차증이란 뇌 시간 혹은 몸이 인식하는 시간과 현실의 시간이 달라 생기는 증상을 말한다. 현실의 시간이 바뀌면 우리 몸에 있는 37조 개 세포의 타이밍과 템포는 엉망[37]이 된다. 현실은 한참 활동해야 할 시간인데도 뇌는 잠자야 할 시간이라며 강렬하게 보챈다.

스트레스도 생체 시계를 망가트리는 원인이다. 여행 자체가 상당한 스트레스를 동반한다. 국내 혹은 해외여행을 가려 하면 준비해야 할 것이 많다. 필요한 물건을 챙기고,

숙소를 예약해야 한다. 장시간 비행기를 타거나 운전도 해야 한다. 예민한 사람들은 익숙지 않은 잠자리에서 잠을 청하는 것 자체가 스트레스다. 유명 관광지나 소문난 맛집에 가면 긴 줄을 서야 한다. 기후나 날씨가 잘 맞지 않으면 면역력이 떨어져 몸 어딘가에 이상 신호가 오기도 한다. 여행을 떠난다는 건 큰 설렘이기도 하고, 혹독한 스트레스이기도 하다.

며칠 관광만 하고 돌아오는 일정이라면 크게 손해를 볼 일은 없다. 밤에 잠이 안 오고, 낮에 졸리는 증상을 겪을 뿐이다. 하지만 수십억 원 상금이 걸린 해외 원정 대회에 출전하는 운동선수들에게는 치명적인 결과로 나타난다. 한 선수의 운명이 바뀔 수도 있다.

과거에는 시차증의 대안으로 멜라토닌 보충제가 널리 활용됐다. 멜라토닌 보충제는 시차 적응에 효과적으로 알려져 여행 전 필수의약품으로 여기는 사람이 많았다. 인체에도 해롭지 않은 것으로 알려졌으나 두통, 어지럼증 같은 부작용이 있을 수 있고, 밤에 숙면하는 대신에 낮에 졸리는 현상이 나타나기도 한다. 실질적 치료법이 될 수 없다. 무엇보다 약물에 의존하는 것 자체가 좋지 않아서 요즘은 대중에게 권하지 않는다.

시차증에서 벗어나려면 먼저 생체 시계의 원리를 이해해

야 한다. 우리의 생체 시계는 현실 시계와 마찬가지로 24시간 주기로 움직이는데, 시간을 확인해보면 틀릴 가능성이 크다. 우리가 보는 시계와는 다른 규칙으로 움직이기 때문이다. 뇌의 시교차 상핵Suprachiasmatic nucleus에 있는 시계 유전자Clook gene에 의해 결정된다. 즉, 두뇌의 시간을 기준으로 신체의 활동이 프로그래밍 된다.[38] 뇌가 착각하면 생체 시계가 엉망이 될 수 있다. 바꿔 말하면 환경이나 생활 습관만 조절하면 잘못된 생체 시계를 바로 돌려놓을 수도 있다는 뜻이 된다.

따라서 시차증을 극복하는 가장 좋은 방법은 해외로 떠나기 전에 생체 리듬을 바꿔놓는 것이다. 출국 일주일 전부터 조금씩 목적지 시간에 맞춰서 생활하는 방식으로 생체 시계를 길들여라.

목적지에 도착하면 아침에 일어나자마자 밖으로 나가서 10~15분 정도 자연광을[39] 쬐어야 한다. 사람의 몸은 햇빛을 받아야만 비로소 건강한 아침을 맞이할 수 있도록 진화되었다. 빛이 있어야 체온이 올라가서 멜라토닌 분비가 억제되고 생체 시계가 작동한다.[40] 이것이 생체 시계를 재설정하고 전신의 세포 오케스트라가 다시 올바른 리듬을 연주하도록 하는 가장 안전하고 효과적인 방법이다.[41]

시차증은 누구에게나 나타나지만, 모두가 똑같은 증상으

로 고생하지는 않는다. 환경이나 생활 습관을 조절하면 얼마든지 극복할 수 있다. 프로골퍼가 시차 적응에 실패해 제 기량을 발휘하지 못했다면 부끄러운 일이다. 핑곗거리도 되지 않는다. 누구도 이해해주지 않는다. 어디까지나 자기관리에 소홀한 탓이다.

눈 호강

중국 산둥성 옌타이시에 있는 남산 골프장에서 라운드하다 보면 눈 호강을 시켜주는 코스가 있다. 스코어에 상관없이 한 홀 한 홀 인내하다 보면 어느덧 지나온 코스들이 한눈에 들어온다. 아무것도 한 것이 없는 것 같은데, 이 성취감은 무엇이란 말인가.

잘 맞는 코치가 곁에 있는가

골프는 겉보기에는 단순하지만, 끝없이 복잡한 스포츠다.
아놀드 파머 *Arnold Palmer*

　골프를 잘하려면 반드시 코치가 있어야 한다. 역사상 가장 위대한 골프선수로 손꼽히는 타이거 우즈에게도 코치가 있었다. 정기적으로 스윙을 점검하면서 상담받지 않으면 자신의 의지와 상관없이 원치 않은 방향으로 흘러갈 수 있다. 완전히 엉뚱한 방향으로 흘러간 뒤에는 바로잡기도 어렵다. 유능한 코치를 곁에 두고 골프를 배워야 하는 이유다.
　유능한 코치의 조건은 사람마다 다르다. 선수 시절 경력이 화려한 코치를 원하는 사람이 있고, 스타 선수를 여럿 길러낸 코치를 선호하는 사람도 있다. 꾸준히 공부하는 지도자에게 끌리는 사람도 있다. 모두 나름대로 일리가 있지만, 누가 정답이라고 단정할 수는 없다. 선수 시절 명성과 지도력에는 상관관계가 없다. 스타 선수를 많이 길러낸 코치라고 해서 모든 사람에게 잘 맞는 것도 아니다. 가장 유능한 코치는 자신과 잘 맞는 사람이다.

피겨 여왕 김연아의 코치였던 브라이언 오서Brian ernest orser는 "나와 꼭 맞는 지도자가 최고의 스승"[42]이라고 말했다. 자신의 지도력이 뛰어나서 김연아가 탄생한 것이 아니라 김연아가 자신과 잘 맞았기 때문에 좋은 결과로 이어졌다는 것이다. 겸손이 묻어나는 한마디이지만, 유명 지도자에 대한 맹목적 믿음과 환상을 가진 사람들에게 날리는 일침이기도 했다.

세상에 똑같은 사람은 단 한 명도 없다. 외모와 신체 조건은 물론이고 성장 속도와 가정환경, 운동신경, 신체 리듬, 기술 습득력, 근력의 발달 속도, 이해력, 정신력, 잠재력도 모두 다르다. 머리부터 발끝까지 같은 것이 하나도 없다. 이렇게 모든 조건이 다른 선수들에게 천편일률적으로 똑같은 훈련을 강요할 수는 없는 일이다. 그렇다고 모든 선수에게 일일이 꼭 맞는 운동방법을 도입할 수도 없다. 유명 코치가 지도했다고 해서 모두 스타 선수가 될 수 없는 이유다. 결국, 선수 본인이 지도자와 잘 맞아야 좋은 선수로 성장할 수 있다.

재능의 반은 선수가 타고나지만, 나머지 반은 지도자가 발굴해서 선수와 함께 길러 나가야 한다. 재능을 완성하려면 열정에 노력을 더해야 한다. 심층 훈련을 하는 데 있어서 나와 맞지 않은 방향으로 계속해서 노를 저으면 전혀 엉뚱한 방향으로 나아가게 된다. 힘들게 먼 길을 돌아서 간다. 다른 선수들에게는 옳은 길이었어도 나에게는 맞지 않을 수도 있다. 그래서 유능한 코치는 그냥 자신과 잘 맞는 코치다. 나와 맞지 않는 코치는 없는 것보다 못한 결과를 낳을 수도 있다.

세상에서 가장 훌륭한 코스

세상에서 가장 훌륭한 코스는 나와 잘 맞는 코스다. 아무리 평판이 좋은 코스라도 나와 맞지 않으면 그만이다. 그저 그런 평범한 코스라도 "이곳이 세상에서 가장 좋은 코스야"라고 생각하면 그렇게 된다. 골프코스에 순위를 매기기 어려운 이유가 그것이다.

운동의 목적이 땀 흘리기인가

모든 샷에는 새로운 스토리가 있다. 그 스토리는 당신이 만들어가는 것이다.
톰 왓슨 *Tom Watson*

운동은 혈액순환을 돕고, 체온을 높이며, 팔다리를 튼튼하게 한다. 세로토닌Serotonin과 엔도르핀이 분비되면서 기분이 좋아지고 우울증이나 불안을 해소하며 자신감과 자존감을 높이는 효과도 있다.

그러나 골프선수가 그저 땀 흘리기를 위해 운동한다면 헛수고나 마찬가지다. 운동 기능을 발달시키는 데는 그다지 효과가 없기 때문이다. 타의에 의해서 억지로 하는 운동은 더 그렇다. 뇌는 운동 기능성 향상을 위한 훈련과 몸으로 하는 노동을 제대로 구분하지 못한다. 단지 움직이는 방식과 습관에 따라 반응과 신호가 달라질 뿐이다. 쉽게 설명해 운동을 노동처럼 하면 노동이 되고, 노동을 운동처럼 하면 운동이 되는 것이다.

예를 들어서 효율성이 제로에 가까운, 그러니까 몰입도가 매우 낮은 상태에서 장시간 운동하면 운동 기술력 향상은 물론이고 기분도 좋아지지 않는다. 오히려 스트레스만 쌓인다. 운동에 몰입하지 않으니 학습 효과가 떨어지는 것은 당연하다. 엔도르핀도 분비되지 않아 운동 후에도 개운한 기분은 없고 불쾌감만 쌓인다. 하기 싫은 운동을 억지로 하면서 시간과 체력만 낭비한 셈이다. 자존감과 자신감도 얻지 못한다. 얻은 것은 스트레스뿐이다.

스트레스는 우리 몸이 자체적으로 가지고 있는 유지·보수 기능을 망가뜨린다. 세포들은 매일 같이 몸이 온전히 기능할 수 있도록 뒤치다꺼리를 한다. 세포의 손상된 잔해들과 다양한 노폐물 분자를 치우고 새로운 것들을 만들어 그 자리를 채우는데, 이 일련의 과정을 자가포식Autophagy이라고 한다. 우리 세포들은 리소좀Lysosome이라는 노폐물 제거 기관에서 이처럼 오래된 세포 잔해들을 분해한다.[43] 만약 잘못된 훈련 방식으로 스트레스를 키운다면 우리 몸에서 자체적으로 일어나는 유지·보수 기능을 스스로 파괴하도록 돕는 꼴이다.

안타깝게도 국내 체육계에는 오늘 흘린 땀의 양과 운동 시간을 보람과 노력의 척도로 여기는 선수나 지도자가 여전히 많다. 운동 시간이 길어지면 집중력도 떨어진다. 운동을 오래 할수록 효율성은 더 떨어지는 셈이다. 운동을 건강하게 오랫동안 하고 싶다면 정해진 시간만이라도 효율적으로 해야 한다. 최대한 몰입해서 짧게 끝낼 수 있다면 충전 시간을 늘릴 수 있으니 더 좋다. 그저 시간을 채우고 땀만 흘리는 것이 목적이라면 지금 당장 운동을 멈춰라.

버디의 기쁨

버디는 고래도 춤추게 한다. 골프에서 버디가 없다면 고행이나 마찬가지다. 버디는 오랜 시간 많은 돈을 들여서 받는 육체적, 정신적 스트레스를 전부 씻어내는 마력을 지녔다. 골프에서 버디보다 더 큰 보상은 없다. 어떤 권력자라도 버디 앞에서는 녹아내린다.

머릿속 시뮬레이터를 가동하고 있는가

최악의 샷이 때로는 최고의 결과를 가져올 수 있다. 그것이 골프다.
헨리 코튼 *Henry Cotton*

한 가지 운동을 잘하는 사람은 다른 운동에도 소질을 보인다. 신체운동지능Bodily-kinesthetic intelligence이 뛰어나기 때문이다. 신체운동지능을 쉽게 설명하면 몸의 움직임을 조절하는 능력이다. 신체운동지능이 높은 사람은 물리적 공간에서 자기 존재를 인식하며, 촉각에 크게 의존하고, 운동능력과 손과 눈의 조화가 뛰어나다.[44]

대부분 운동선수는 신체운동지능이 높다. 축구를 잘하는 사람이 골프도 잘할 가능성이 크고, 야구를 잘하는 사람도 골프를 잘할 가능성이 크다. 골프를 잘하는 사람도 축구나 야구를 잘할 수 있지만, 현실에선 축구와 야구에서 요구하는 체력을 감당하지 못해 실력을 발휘하지 못할 뿐이다. 만약 골프선수가 축구나 야구에서 요구하는 체력 조건을 갖추게 된다면 두 종목을 모두 잘할 가능성이 매우 크다.

신체운동지능이 높다고 해서 모두 훌륭한 골프선수가 되는 건 아니다. 골프라는 운동을 심층적으로 잘하고 싶다면 인지 능력을 함께 키워야 한다. 신체 능력뿐만 아니라 골프를 잘할 수 있도록 두뇌를 개발해야 한다는 뜻이다.

머리 좋은 선수가 운동도 잘한다. 부인할 수 없는 사실이다. 운동 실력이 비슷한 사람들이라면 머리 좋은 사람이 더 빨리 발전하고, 더 오랫동안 잘할 가능성이 훨씬 크다. 한 가지를 배워도 빠르게 소화해낼 뿐만 아니라 다른 방법으로 응용하는 능력도 훨씬 뛰어나다. 슬럼프나 일시적인 부진에 빠지더라도 유연하게 빠져나온다.

훌륭한 골프선수들을 보라. 코스를 아무 생각 없이 걷는 것 같아도 머릿속으로는 늘 복잡하고 다양한 생각을 한다. 짧은 순간에 코스를 익히고, 바람을 느끼고, 잔디의 결을 생각하고, 경사도를 확인하고, 그린 또는 깃대까지의 거리를 계산하고, 오늘의 샷감과 몸 상태를 참고하면서 공이 떨어질 지점을 예상한다. 인지 능력이 떨어지는 선수라면 감당할 수 있겠는가. 단순히 골프 스윙만 좋은 선수, 공만 잘 치는 선수라면 얼마든지 있지만, 무수한 상황에서 영리하게 플레이할 수 있는 선수는 지극히 드물다. 영리하지 못한 선수가 치열한 경쟁에서 간신히 살아남을지는 몰라도 머지않아 머리 좋은 선수에게 밀려난다.

운동선수로서 인지 능력을 키우기 위해서는 머릿속에서 시뮬레이터를 가동해야 한다. 야구에서 1사 만루 상황이라면, 유격수는 땅볼이 굴러오는 짧은 순간에 6-4-3의 병살타를 만들 것인지, 6-2-3 병살타로 처리할 것인지, 아니면 다른 방법으로 아웃 카운드를 늘릴 것인지를 판단해야 한다. 골프선수는 큰 나무 앞에 떨어진 공을 어떻게 처리할 것인지, 미묘한 도그레그 홀을 가로질러 핀을 직접 공략할 것인지, 벙커 턱에 박힌 공을 어떻게 꺼낼 것인지, 어중간한 지점의 어프로치샷을 어떻게 쳐낼 것인지를 짧은 순간에 다양한 방향으로 궁리하며 시뮬레이터를 빠르게 작동할 수 있어야 한다.

매일 똑같은 기술을 반복해서 연습하는 것만으로는 예측불허 실전을 감당해낼 수 없다. 머릿속 시뮬레이터를 통해서 매일 새로운 상황을 만들고 해결하는 능력을 키워야 한다.

시뮬레이터는 리얼할수록 좋다. 뇌는 실제 상황과 시뮬레이터를 구별하지 못하기 때문에 상상만으로도 실전과 흡사한 연습효과를 누릴 수 있다. 연습을 모두 마친 상황이라도 계속해서 상상하라. 그래야 당신이 가진, 아니 인간이라면 누구에게나 있는 인지적 유연성cognitive flexibility을 최대로 활용해 한 단계 더 높은 곳으로 도약할 수 있다.

그림 같은 골프장

미국 캘리포니아주 테라라고 골프장. 코스 전경과 주변 경관이 이채롭게 조화를 이룬다. 마치 한 폭의 그림을 감상하는 것 같다. 오래 바라보고 있으면 골프장으로 빨려 들어갈지도 모른다.

훈련방법은 다양한가

매 라운드는 새로운 도전이고 매 샷은 새로운 기회다.
파드리그 해링턴 *Padraig Harrington*

매일 하는 똑같은 훈련이 지루하지 않은가. 아무리 좋아하는 골프라도 똑같은 스윙 동작을 매번 같은 방법으로 반복하면 지루함을 느끼기 마련이다. 지루함이 무기력으로 이어지면 상황은 더 나빠진다. 훈련 효과가 크게 떨어질 뿐만 아니라 만성 무기력증이나 슬럼프의 원인이 되기도 한다.

훈련 효과를 높이고 정확하고 좋은 샷감을 조금이라도 오랫동안 유지하고 싶다면 훈련방법을 다양화해야 한다. 훈련방법을 다양화하면 기억의 흔적은 더 풍부해진다. 같은 스윙 연습을 하더라도 장소를 옮기거나 여러 도구를 활용하거나 게임 하듯이 규칙을 정해놓고 하는 것이다. 최대한 여러 방법을 동원하고 접목해서 훈련하는 것이 좋다.

예를 들어서 정확한 인아웃 스윙 궤도를 만들기 위해 아이언 헤드 커버 두 개를 놓고 연습하거나 벙커 안에 피자 조각 모양 라인을 그려 놓고 공을 높이 띄우는 연습 등이다. 매일 하는 똑같은 스윙 연습보다 흥미가 있어서 집중도 잘 된다.

공부로 치면 단순 암기를 숫자나 재미있는 이야기와 연결지어 외우는 방법과 비슷하다. 암기한 내용을 여러 사람 앞에서 설명하거나 글로써 정리해 보는 것도 좋다. 그렇게 해야 단기기억 속 내용물을 장기기억으로 옮겨 필요할 때마다 쉽게 끄집어낼 수 있다.

그러나 훈련방법을 다양화하는 것이 말처럼 쉽지는 않다. 기존 연습 방법에 창의적인 사고를 입혀야 하는데, 창의적 사고는 자연스럽게 얻어지지 않는다. 창의적 사고가 가장 많이 필요한 성인기에는 더 어렵다. 창의적 사고가 어려운 이유는 뇌가 이전 경험을 근거로 옳고 그름과 합리와 불합리를 결정해버리기 때문이다. 지하철 안에서 큰 소리로 떠들거나, 공공장소에서 담배를 피우고, 적색 신호등이 켜졌을 때 길을 건너고 싶은 충동이 들 때마다 끼어들어서 "그런 어리석은 짓을 하면 안 된다"고 상기시킨다. 이것은 어떤 상황이라도 곤란한 입장을 피하게 해서 우리 몸과 여러 사람을 보호하는 고마운 기능이다. 단점도 있다. 뇌가 인지하고 있는 궤도를 조금만 벗어나도 생각을 차단[45]해버린다. 때론 엉뚱해 보이는 발상과 시도가 더 좋은 결과를 낳기도 하는데 말이다.

다행인 것은 창의적인 사고가 특별한 사람이나 일부 천재들에게만 가능한 신비로운 과정은 아니라는 점이다. 최근 발견된 증거에 따르면, 창의적 사고는 일상적인 사고의 변형이므로 다른 인지 기능과 마찬가지로 학습할 수 있다.[46] 훈련방법을 다양화하려는 노력만으로도 창의력은 향상된다.

뇌는 우리가 알고 있는 것보다 훨씬 역동적인 기관이다. 새로운 자극에 흥분하고, 빠른 치유력을 가지고 있다. 새로운 것을 배우면 운동피질Motor cortex 신경세포를 활성화하면서 기억력과 집중력을 빠른 속도로 끌어올린다. 매일 무의식적으로 똑같이 하는 연습 방법보다 훈련 효과는 월등히 올라간다. 당연히 정확하고 좋은 감각을 오랫동안 유지할 수 있게 된다.

명콤비

훌륭한 선수와 빼어난 캐디가 만났다. 골프를 잘하려면 자연의 소리에 귀를 기울일 줄 알아야 한다. 바람, 나무, 잔디, 흙, 물이 속삭이는 소리에 귀를 기울이면서 자연과 하나 됨을 느껴야 한다. 사진은 2018년 KLPGA 챔피언십에 출전한 백규정과 당시 캐디였던 프로골퍼 김남훈. 러프에 떨어진 공을 빼내기 위해 진지하게 의논하고 있다.

2022년 5월 몽골 울란바토르 근교의 징기스칸 골프장에서.

Chapter 2

프로 지망생에게

연습생 생활을 하고 있는가

인내는 골퍼의 가장 강력한 무기다.
게리 플레이어 *Gary Player*

골프장엔 연습생이 있다. 골프장에 딸린 연습장이나 시설물을 무보수로 관리해주면서 프로테스트를 준비하는 사람들이다. 그들은 손님이 없는 시간에 연습장 타석을 무상으로 이용한다. 막팀이 나간 뒤에는 라운드하면서 필드 감각도 익힌다. 성인이 된 뒤 부모의 도움 없이 뒤늦게 골프를 시작했거나 막대한 골프 훈련 비용을 감당하기 어려운 사람들이 골프장 연습생으로 들어간다. 골프장은 시설 관리인을 따로 채용하지 않아도 되니 인건비를 아낄 수 있고, 연습생은 엄청난 골프 훈련 비용을 절감하면서 테스트 준비를 할 수 있어서 좋다. 최근에는 연습생 제도를 없앤 골프장이 늘었지만, 지방 상당수 골프장은 아직도 연습생 제도를 그대로 유지하고 있다. 골프장 오너나 전문경영인들의 경영 방식에 따라서 운영 시스템이 달라진다.

대부분 연습생은 연습장에 딸린 작은 숙소를 여럿이 함께 이용한다. 환경이 열악해서 한 달만 생활하면 집 생각이 간절해진다. 대부분 꿋꿋하게 이겨내는 것 같아도 뒤로는 눈물 젖은 밥을 먹고 있다.

그런데 이렇게 고생고생하면서 프로테스트를 준비해도 끝끝내 합격하지 못하는 사람이 많다. 10년 넘게 프로테스트에 응시했다가 전부 미끄러져서 결국 포기하고 다른 길을 찾아가는 사람도 여럿 있다.

물론 프로테스트는 매년 정기적으로 열린다. 떨어져도 다음 기회가 있다. 또 떨어지면 다시 다음 테스트에 도전하면 된다. 그렇게 해서 10년째, 아니 그 이상 프로테스트를 보는 젊은이도 많다.

그러나 오랫동안 실패를 경험하다 보면 실패에 익숙해질 가능성이 크다. 패배의식에 젖어서 실패해도 상처를 받지 않고 당연하게 받아들인다. 경제 활동을 제대로 못 하는 상황에서 패배의식에 젖어버리면 삶이 피폐해진다.

반드시 실력만의 문제는 아니다. 불합격자 대부분은 평소 프로골퍼 못지않게 펄펄 날아다닌다. 연습 때는 대부분 언더파를 치기 때문에 합격을 자신한다. 하지만 현실은 냉혹하다. 생각처럼, 마음먹은 대로 되지 않는 게 골프다.

연습생의 가장 큰 문제점은 어수선한 분위기다. 골프장 연습생은 혼자가 아니라 여럿이 있다. 프로골퍼가 되겠다는 꿈을 안고 전국에서 모인 사람들이다. 코치는 없다. 각자 알아서 훈련계획을 세워야 한다. 계획 실천도 훈련도 혼자서 알아서 해야 한다. 연습생 중에는 열심히 성실하게 운동에만 몰입하는 사람도 있고, 그렇지 않은 사람도 있다. 한 달만 함께 지내보면 합격할 사람과 불합격할 사람이 보인다.

문제는 나태함이다. 나태함에는 전염성이 있어서 나태한 사람을 그대로 내버려 두면 모든 사람에게 나태함을 전염시킨다. 나태함이 몸에 배어서 습관화되면 죄책감도 사라진다. 처음 게으름을 피웠을 땐 죄책감을 느끼지만, 두 번째, 세 번째는 감각이 무뎌진다. 너무 늦기 전에 손을 봐야 한다.

만약 당신이 속한 집단이 나태한 분위기라면 당장이라도 짐을 싸고 나올 것을 권한다. 나태한 집단에선 탁월한 인재는커녕 자신이 가진 재능을 발굴하기도 어렵기 때문이다. 특정 집단에선 탁월한 인재를 많이 배출하는 반면에 좀처럼 인재를 배출하지 못하는 집단도 있다. 왜 그럴까. 두 가지 이유로 생각해볼 수 있다. 첫 번째는 시스템에 차이가 있고, 두 번째는 '나도 할 수 있다'라는 동기가 작용한다는 점이다. 한국에서 세계적인 골프선수가 여럿 배출된 것도 이러한 환경 덕이라고 전문가들은 입을 모아 이야기한다. 어떤 사람이, 어떤 시스템에서, 어떤 마음가짐으로, 어떻게 운동하는지를 들여다보면 답은 쉽게 나온다. 훌륭한 인재는 타고나는 것이 아니라 시스템과 환경에 의해서 길러지는 것이다.

데칼코마니

미국 테라라고 골프장 연못에 투영된 하늘이 이채롭다. 골프장에 물감을 묻혀서 위아래로 반을 접으면 이런 모습일 것이다. 자연은 절대로 거짓말을 하지 않는다. 골프장 연못에 투영된 푸른 하늘처럼.

실전 코스에서 얼마나 라운드했는가

하루를 연습하지 않으면 내가 알고, 이틀을 연습하지 않으면 갤러리가 알고,
사흘을 연습하지 않으면 모두가 안다.
벤 호건 *Ben Hogan*

프로테스트 도전을 망설이는 사람이 많다. 무엇이 문제인가. 늦은 나이 때문에? 아니면 어설픈 실력이 문제인가? 이 시간에도 프로테스트 도전을 망설이고 있다면 반드시 이 글을 참고하기 바란다.

프로골퍼 시험은 나이가 많든 적든, 어떤 학교를 나왔든, 재산이 많든 적든, 인물이 잘나고 못나고 상관없이 누구에게나 똑같은 조건으로 치러진다. 지하철이나 버스에서처럼 노약자라고 자리를 양보해주지도 않는다. 사회적 약자에 대한 배려가 없다. 나이가 많을수록, 늦게 시작할수록 절대적으로 불리하다. 한 타라도 뒤져서 커트라인 밑으로 내려가면 불합격이다. 비정하고 냉정하다.

적지 않은 나이에 골프를 늦게 시작한 사람은 더 힘들

다. 하지만 이런 난조건 속에서도 노익장을 과시하며 프로테스트에 합격하는 사람이 없지 않다. 그들이 젊은 사람들보다 체력이 좋은 것도 아니었고, 신체 조건이 유리한 것도 아닌데, 그 많은 젊은이를 제치고 프로골퍼가 되었다. 스코어나 등수에 상관없이 테스트에 합격했다는 것만으로도 박수받을 만하다.

그런데 이들에겐 몇 가지 공통점이 있다. 매우 치밀하게 전략적으로 테스트를 준비한다는 점이다. 그중 하나가 프로테스트 코스를 홈그라운드로 만드는 작업이다. 원정 코스를 사실상 자신의 홈그라운드처럼 익숙하게 만드는 것이다.

골프장은 코스마다 레이아웃과 세팅이 다르다. 티잉그라운드 위치와 페어웨이, 그린의 모양이 같은 골프장은 단 한 곳도 없다. 핀의 위치도 제각각이다. 해저드 모양이나 위치도 천차만별이다.

시험장 코스도 마찬가지다. 따라서 시험장 코스를 완벽하게 익힌 사람은 다른 코스에서 연습하다 온 사람보다 훨씬 유리하다. 반면에 프로테스트 코스를 제대로 파악하지 않았다면 시험 준비가 덜 된 사람이다. 시험장 코스에 대해서 아무런 정보도 준비도 없이 실력만 믿고 나가면 마음에 상처를 입는다. 애꿎은 골프채만 나무란다.

모든 사람은 자신이 주로 라운드하는 코스에 자신감을

보인다. 사실상 홈그라운드다. 안방처럼 훤히 꿰뚫고 있다. 문제는 그곳에서 시험을 치르지 않는다는 점이다. 집에서만 잘 쳐봐야 아무런 소용이 없다. 정작 시험장 코스에서 연습이 소홀하면 시험 당일 곤혹스러운 일을 겪을 수 있다. 결국, 실전 테스트에서는 안방에서만큼 스코어가 나오지 않는다. 주변에선 "운이 없어서 떨어졌다"라면서 위로해준다. 만약 진짜 운이 없어서 떨어졌다고 믿는다면 다음 테스트에서 또 떨어진다.

우리 뇌는 익숙한 환경에서 안정감을 느끼지만, 낯선 환경에선 방어적인 자세를 취한다. 언제 어디서 무슨 일이 일어날지 모르니 주의하라는 뜻에서 뇌가 보내는 신호다. 뇌의 가장 중요한 임무가 외부 환경으로부터 몸을 보호하는 일이기 때문이다. 원정만 가면 몸이 경직되면서 제 기량을 펼치지 못하는 경우가 많은 이유다.

프로테스트는 주말 골퍼들의 놀이가 아니다. 각자의 인생을 걸고 출전하는 전쟁과 같다. 누군가를 밀어내지 않으면 내가 밀려난다. 프로테스트 코스를 구석구석 핥아먹듯이 눈으로, 몸으로 섭렵해야 내 자리를 지킬 수 있다. 1번홀 티샷이 오른쪽 러프에 떨어지면 어떻게 공략할 것인지, 2번홀 그린 앞쪽 벙커에 들어가면 어떻게 빼낼 것인지, 3번홀 그린 끝에 걸린 공은 어떻게 스트로크할 것인지 상황에 따른 대처법도 지나칠 만큼 머릿속에 욱여넣어야 한다.

다행인 건 프로테스트 주관 협회는 시험장 코스를 사전에 공지한다는 점이다. 프로테스트 응시자들에게 충분한 연습 기회를 주기 위해서다. 협회에서 시험장을 미리 공지하면 누구에게 유리할까? 당연히 준비성이 좋은 수험생들에게 유리하다. 기출문제집을 받은 것이나 진배없어서 기출문제를 여러 번 반복해서 풀면서 완전히 자기 것으로 소화해내는 사람이 높은 점수를 받게 되어 있다. 만약 테스트 코스에서 충분히 연습할 필요가 없다면 코스를 사전 공지하지 않아도 된다. 이점을 영리하게 생각하면서 테스트 전략을 짜기 바란다.

드라마틱한 시간

일몰 때가 되면 코스는 더욱 드라마틱하다. 기울어진 햇빛이 코스의 굴곡을 선명하게 하고, 빛과 그림자가 명확해지며, 짙은 하늘빛을 띤 하늘은 주홍빛으로 물들고 있다. 태국 마운틴 쉐도우 골프장 13번홀 그린에서 바라본 페어웨이는 드라마틱한 변신 중이다.

신체 리듬을 조절할 수 있는가

골프는 용사처럼 플레이하고 신사처럼 행동하는 게임이다.
데이비드 로버트 포건 *David Robert Forgan*

프로테스트는 오전 중에 치러진다. 오전 6시부터 10시 사이에 티오프 해서 대부분 오전에 끝난다. 테스트가 아침에 진행된다면 연습도 오전에 해야 한다. 그래야 좋은 신체 리듬이 오전에 맞춰져 좋은 결과를 낼 수 있다.

테스트 준비 계획을 1년으로 잡는다면 1년 동안 좋은 신체 리듬을 오전에 맞추는 데 주력해야 한다. 이른 아침에 일어나 티오프 시간까지 최상의 몸 상태를 만드는 작업이다. 테스트 코스에서 연습하는 것만큼이나 중요한 것이 실전 테스트 시간에 맞춰서 연습하는 것이다. 프로테스트는 오전 6시에 시작하는데도 연습은 오후에 하면 훈련 효과가 크게 떨어진다. 오후에 연습할 땐 공이 잘 맞다가 테스트 당일 이른 아침엔 샷이 엉망이 되고 만다. 테스트 시간이 오전으로 정해졌다면 이른 아침에만 연습하고 오후에는 굳이 연습하지 않아도 좋다.

이른 아침에 일어나기 위해서는 잠을 일찍 청해야 한다. 저녁밥을 먹은 후에는 일찍 잠자는 연습을 하라. TV에서 9시 뉴스가 시작할 시간이면 잠이 오도록 신체 리듬을 만드는 것이다.

초저녁에 잠이 안 온다는 사람은 몸이 덜 피곤해서다. 초저녁부터 잠이 잘 오도록 몸을 더 굴려야 한다. 매일 초저녁부터 곯아떨어질 만큼 강도 높은 훈련을 하는데 잠이 오지 않을 리는 없다. 야외에서 한 시간 이상 운동하면 멜라토닌이 생성되고, 천연 수면 보조제인 아데노신이 많이 쌓여 숙면에 들게 된다.

낮잠은 피해야 한다. 초저녁에 일찍 잠들기 위해서라도 낮잠을 멀리해야 한다. 오후는 연습이 없는 자유시간이라도 잠을 자지 않는 것이 초저녁 숙면에 도움이 된다. 그러나 점심을 잘 먹고 나면 엄청난 졸음이 밀려온다. 이런 훈련 패턴이 익숙하지 않다면 낮잠의 유혹을 이겨내기가 무척이나 어렵다. 당장이라도 곯아떨어질 만큼 힘들고 괴롭다. 그래도 실현 가능한 수단을 총동원해서 낮잠의 유혹에서 벗어나야 한다.

낮잠을 조금이라도 자면 초저녁에 잠들기가 그만큼 어려

워진다. 초저녁에 잠을 이루지 못하면 이른 아침에 눈을 뜨기가 어렵다. 일어나더라도 최적의 몸 상태를 기대하기는 어렵다. 그러다 보면 시험일까지 일찍 자고 일찍 일어나는 신체 리듬을 만들지 못할 가능성이 커진다.

야행성도 한 달이면 고쳐진다. 처음엔 힘들어도 한 달만 참고 견디면 몸이 자동으로 알아서 반응한다. 밤 9시만 되면 굳이 잠을 청하지 않아도 잠이 오고, 알람을 맞추지 않아도 정시에 눈이 떠진다. 인간은 어떻게든 환경에 적응하며 살아간다. 목이 마르면 물을 찾고, 더우면 땀을 흘려서 적정 체온을 유지하듯이 우리 뇌는 환경에 맞게 적절하게 반응하고 변화하면서 적응해나갈 수 있도록 돕는다.

부득이하게 늦게 잠이 든 날에도 정해진 시간에 일어나는 것이 좋다. 예를 들어서 새벽 3시에 잠이 들면 한두 시간 밖에 못 잔다. 이런 루틴은 시험 준비 기간에 단 하루도 어기지 마라. 공을 치는 연습도 중요하지만, 평상시 루틴을 바꾸는 것도 매우 중요하다. 습관을 완전히 바꾸지 않으면 공을 잘 쳐도 아무런 소용이 없다.

골프학과에 다니던 한 후배는 프로테스트에 번번이 미끄러져서 큰 시련을 겪었다. 어느 날 그로부터 전화가 걸려왔다. 울먹이면서 이렇게 말했다.

"얼마 전에 프로테스트에서 또 떨어졌어요. 부모님이 나가 죽으래요. 정말 죽고 싶은 심정입니다."

그는 자신이 프로테스트에 계속해서 떨어지는 이유를 알지 못했다. 평소 언더파를 칠 만큼 프로골퍼 못지않은 실력파여서 주변 사람 모두가 그의 연이은 불합격에 의아해하고 있었다.

그에게 몇 가지 확인할 것이 있었다. 평상시 일어나는 시간과 운동 시작 시간이었다.

"빨리 일어나는 편이에요. 8시면 일어나요."

"그럼 운동은 몇 시에 시작하지?"

"12시쯤에 시작해요."

그가 프로테스트에 계속해서 떨어지는 이유를 알 것 같았다.

"앞으로 1년 동안 내가 시키는 대로 할 수 있겠어? 매일 새벽 4시에 일어나서 오전 6~8시 사이에 라운드를 시작하고, 12시 이후엔 퍼팅이나 이미지트레이닝만 해. 처음엔 힘들어서 스코어가 나오지 않을 수도 있는데, 한두 달 꾸준히 하다 보면 신체 리듬이 완전히 바뀔 거야."

그는 내 조언을 잘 받아들였고, 1년 뒤 프로테스트를 여유 있게 통과했다.

천혜의 요새

중국 남산 골프장은 축복받은 천혜의 요새다. 높은 바위산들이 골프장 둘레를 겹겹이 에워싸며 코스를 엄호하고 있다. 겨울은 따뜻하고 여름은 시원하며 자연재해도 없어서 휴양지로 이만한 곳이 없다.

각성 수준은 최적인가

고수는 한 타를 버림으로써 위기를 극복하고, 하수는 한 타를 아끼려다 위기를 맞는다.
하비 페닉 *Harvey Penick*

아침에 일찍 일어나는 것으로 끝나선 안 된다. 이른 아침에 최상의 컨디션을 만들어야 한다. 의학 용어에 각성 수준覺醒水準이라는 말이 있다. 잠에서 깨어나 정신을 차린 정도를 말한다. 일찍 자고 일찍 일어나는 연습을 하는 이유가 바로 각성 수준을 최적으로 맞추기 위해서다.

흔히 '잠에서 덜 깼다'라는 말을 한다. 눈은 뜨고 있으나 정신없는 소리를 하거나 엉뚱한 행동을 할 때 이런 말을 듣는다. 각성 수준이 낮다는 건 눈을 뜨고 있어도 뇌는 잠에서 완전히 깨어나지 않았다는 걸 의미한다. 그러면 몸이 뻣뻣하고 반응 속도가 느려 운동 수행 능력이 현저히 떨어진다. 당연히 질 좋은 경기력은 기대할 수 없게 된다. 모든 감각 기간이 제 기능을 발휘하지 못해 실수가 빈번하게 일어난다.

각성 수준은 너무 높아도, 너무 낮아도 문제다. 수면 상태가 0, 극도로 흥분한 상태가 100이라면 각성 수준은 30~40 정도가 적당하다.

자신의 각성 수준이 어느 정도인지는 이른 아침에 골프장에서 공을 몇 개만 쳐보면 파악할 수 있다. 이른 아침에 공을 쳤을 때 평상시처럼 맞지 않으면 '몸이 덜 풀렸다'라는 말을 자주 하는데, 사실은 잠이 덜 깨서 각성 수준이 매우 낮은 상태일 가능성이 크다. 각성 수준이 최저점까지 떨어지면 졸면서 플레이하는 것과 다르지 않다.

반면에 높은 각성 수준은 화가 나서 흥분한 상태이거나 들뜬 마음을 진정시키지 못하는 상태다. 이럴 땐 심박수가 빨라져서 골프 같은 극도의 정확성을 요구하는 운동에선 정상적인 플레이를 할 수가 없다.

인간이 각성 상태일 때 발생하는 뇌파는 진폭이 작고 주파수가 높은 형태를 띤다. 이런 모양의 뇌파를 베타파Beta waves라고 부른다.[47] 적당한 베타파는 집중력과 운동 수행 능력을 높이는 장점이 있지만, 지나치게 높은 수준의 베타파는 스트레스, 불안, 피로를 유발하기도 한다.

결국, 각성 수준은 적정으로 맞춰져야만 평상시처럼 최상의 플레이를 펼칠 수 있다. 적당히 긴장한 상태에서 최고의 경기력이 나오는 것과 비슷한 원리다.

이처럼 이른 아침에 최적의 각성 수준을 맞추기 위해서는 아침형 인간이 되어야 한다. 만약 투어에서 뛰는 프로골퍼가 이른 아침 티오프 때마다 각성 수준을 최적으로 맞추지 못해 고전한다면 선수 생활이 불가능하다. 생활 습관을 모조리 뜯어고쳐서라도 최적의 각성 수준을 맞춰야 한다.

최적의 각성 수준을 유지하기 위해서는 최소한의 수면 시간 확보와 숙면, 그리고 양질의 휴식이 보장되어야 한다. 최소한의 수면 시간과 휴식이 확보되지 않으면 일찍 일어나도 아무런 의미가 없다.

나 혼자 여름

카트 도로 위에 떨어진 공을 바라보는 안신애. 잔디 색깔과 갤러리들 복장을 보면 알 수 있듯이 계절은 아직 4월 말이다. 안신애는 민소매 셔츠와 짧은 미니스커트를 입고 출전했다. 안신애에겐 4월도 뜨거운 여름이었다.

코스 레이아웃의 매커니즘을 이해했는가

즐기는 것이 이기는 조건이다.
헤일 어윈 *Hale Irwin*

코스에 나가 라운드할 때마다 무엇을 생각하는가. 매번 아무 생각 없이 라운드를 위한 라운드를 한다면 프로골퍼 준비생으로서 낙제점이다. 한 타라도 더 줄이겠다는 욕망이 없는 것이다. 그러면 구력이 늘어나도 발전이 없다.

코스를 제대로 익히고 그에 맞는 전략을 세우려면 반드시 코스 설계자의 의도와 심리를 알아야 한다. 즉, 코스 설계자와 두뇌 게임을 하는 것이다. 공을 떨어트려야 할 곳과 피해야 할 곳, 함정이 있을 만한 곳과 보상이 있을 만한 곳을 잘 찾아서 절대로 손해 보는 게임을 하지 말아야 한다. 어떤 코스든 거져먹기는 없다. 어떤 지형지물이든 의도가 있다. 같은 코스를 반복해서 라운드하다 보면 코스 설계자의 설계 의도와 고뇌의 흔적 하나하나가 보이기 시작한다.

예를 들어서 비교적 쉬워 보이는 내리막 홀이 있다고 치자. 코스 답습과 파악이 제대로 되어 있지 않은 사람은 보너스라고 생각해서 맘껏 휘둘러 비거리를 만끽한다. 그러나 이런 홀은 대부분 함정이 있다. 공이 떨어질 만한 곳 양옆으로 벗어나기 쉽게 설계됐거나 교묘하게 해저드를 숨겨놓아서 골퍼들의 애를 먹인다. 방심했다가 오히려 스코어를 까먹는다.

함정만 있는 건 아니다. 시험장 코스를 답습할 때는 레이아웃과 조경을 빈틈없이 익혀두어야 한다. 특히 지형지물을 꼼꼼히 익혀두는 것이 좋다. 나무 한 그루도 허투루 보지 않도록 한다. 훌륭한 코스일수록 골프장의 지형지물과 조경에 설계자의 의도가 분명하게 반영되어 있다. 코스 지형지물과 조경들이 거리계산이나 타깃 설정의 힌트를 제공할 때가 많다.

응용력과 창의력을 테스트하는 홀도 있다. 골프 경기는 직진만이 능사가 아니다. 직진만 했다가는 해저드에 들어가거나 나무나 언덕 같은 장애물에 막혀 큰 손해를 볼 수 있다. 때로는 멀리 돌아가야 하고 응용력을 발휘해 창의적인 플레이를 해야 한다. 힘과 비거리만 믿고 닥치는 대로 직진만 하면 혹독한 대가를 치르게 된다.

이것을 실천하기 전에 반드시 거쳐야 할 과정이 있다. 안정된 샷을 위한 심층 연습이다. 클럽마다 거리가 일정해야 하고, 실수가 적어야 하며, 상황에 따라 알맞은 구질과 거리를 만들어낼 수 있어야 한다. 이제 막 골프에 입문한 초보자들에게는 불가능한 이야기다. 코스 레이아웃의 매커니즘을 이해하기 전에 안정된 스윙을 만드는 것이 우선이다.

황금비율

녹색 필드 위를 덮은 푸른 하늘과 흰 구름, 나무숲 사이에서 수줍게 모습을 드러낸 빨간 지붕들, 저마다 확실한 존재감을 드러내고 있지만, 무엇도 과하다는 인상은 없다. 중국 남산 골프장이 아름다운 이유다.

라운드 후 복기는 했는가

가장 중요한 클럽은 당신의 두 귀 사이에 있다.
보비 존스 *Bobby Jones*

운동을 마치고 나면 꼭 해야 할 일이 있다. 복기復棋다. 복기는 바둑 용어다. 그날 판국을 비평하기 위해서 돌을 놓았던 곳에 다시 놓아보는 행위를 말한다. 바둑을 잘하려면 복기를 반드시 해야 한다. 골프도 마찬가지다. 골프를 잘하려면 그날 했던 플레이를 복기하면서 복습해야 한다.

예를 들면 1번홀 티샷에서 드라이버를 잡고 어디에 떨어트렸고, 두 번째 샷은 어떤 클럽으로 어떻게 스윙해서 어디에 떨어트렸으며, 세 번째 샷은 어떤 클럽으로 어떻게 스윙했는지 등을 구체적으로 기억해내면서 꼼꼼히 기록한다. 그날 했던 실수나 아쉬웠던 플레이를 반성하고 점검하는 시간을 갖는 것이다. 플레이를 영상으로 찍어놓은 자료가 있다면 좋겠지만, 그럴 수는 없을 테니 복기라도 하면서 복습하는 것이 좋다.

복기는 자기반성과 성찰의 시간이다. 복기에 필요한 것은 그날 스코어카드와 야디지북이다. 야디지북을 보면서 복기하면 그날 플레이를 더 구체적으로 비평할 수 있으나, 야디지북 없이 수첩과 펜만 있어도 가능하다. 플레이 내용을 꼼꼼하게 복기하다 보면 그날 했던 실수가 하나씩 되살아난다. 클럽 선택의 실수와 타깃 설정의 문제점, 스윙 방법의 문제점 등을 찾아낼 수 있다. 플레이 중에는 인지하지 못했던 문제점도 발견하게 된다. 이것이 복기의 가장 중요한 목적이다.

누구라도 한 라운드 18홀을 돌면 수많은 실수를 한다. 프로골퍼들도 마찬가지다. 완벽하게 플레이하는 것 같아도 그렇지가 않다. 프로골퍼들에게 경기 후 라운드 평을 들어보면 "오늘 플레이는 완벽했다"라고 말하는 사람은 거의 없다. 수많은 실수를 거듭하며 온갖 풍파를 다 겪어야만 18홀 라운드가 끝난다. 그야말로 실수투성이다. 그 많은 실수를 점검하지 않고 그냥 덮어두면 당연히 발전이 없다. 그날 실수의 원인을 찾아 반성과 성찰의 시간을 갖기 위해서라도 복기는 꼭 필요하다.

골프 실력이 늘지 않는 여러 이유 중 하나가 같은 실수를 반복하기 때문이다. 전에 했던 실수를 다음 라운드에서 똑같이 되풀이하는 경우가 많다. 망각 때문이다. 몇 차례 반복해서 실수한 다음에야 학습이 된다. 그러면 먼 길을 돌고 돌아서 목적지에 다다른다. 복기를 하면서 반성과 성찰의 시간을 충분히 가지면 다음 라운드에서 똑같은 실수를 줄일 수 있다. 투박하고 세련되지 않은 플레이라도 다듬고 또 다듬으면 날카롭고 예리한 플레이로 만들 수 있다.

독일의 심리학자 헤르만 에빙하우스 Hermann ebbinghaus는 에빙하우스의 망각 곡선을 통해 인간의 뇌가 시간이 지남에 따라 얼마나 쉽게 망각하는지를 보여준다. 에빙하우스는 실험 참가자에게 의미가 없는 문자를 늘어놓고 그것을 기억하게 했는데, 20분 뒤에는 58%를, 한 시간 뒤에는 44%, 하루 뒤에는 26%, 일주일 뒤에는 23%[48]를 기억했다.

인간인 이상 누구나 망각을 한다. 알고 보면 망각도 중요한 뇌 기능 중 하나다. 중요하지 않은 정보를 삭제해서 기억력에 부담을 덜어 주어야 뇌의 작업 능력이 개선[49]되기 때문이다.

라운드 후 복기를 해야 하는 또 다른 이유는 코스 공략의 상상력과 응용력을 기르기 위해서다. 코스 공략에는 정답이 없다. 어떤 방법으로든 파로 막거나 버디를 잡으면 된다. 부정한 방법이 아니라면 상관없다. 풍부한 상상력과 응용력을 발휘해야 한다. 하지만 플레이 중에는 공을 치는 데만 몰입해서 상상력을 발휘하는 데 시간적·정신적인 여유가 없다. 라운드 후 복기를 하는 동안에는 맘대로 상상해볼 수 있다. 상상하는 데는 별도의 경비가 들지 않는다. 멋대로 상상해도 된다. '이런 상황에서는 이렇게 공략해볼까?' 하는 모험심도 생긴다. '반드시 이렇게 치지 않아도 될 것 같았는데'라는 생각이 들기도 한다. 그것을 실전 라운드에서 테스트라도 해보기 위해서는 복기 과정이 꼭 필요하다.

스코어를 중요하게 여기지 않는 주말 골퍼들에게 복기는 해도 그만이고 안 해도 그만이다. 그러나 단 한 타라도 줄이고 싶은 욕망과 목표가 있는 사람이라면 반드시 복기를 해보라고 권장한다. 프로골퍼나 프로테스트를 준비하는 사람이라면 말할 것도 없다.

프로테스트를 볼 실력이면 아마추어라도 상당한 실력자다. 그런데 그때부터는 한 타를 줄이는 일이 대단히 어렵다. 눈에 띌 만큼 실력이 향상되지도 않는다. 골프가 처음 시작했을 때보다 어렵게 느껴지고 힘들다. 자기반성과 성찰이 없는 사람은 더 어려운 길로 간다. 그러면 골프 실력은 제자리걸음만 할 뿐 앞으로 나아가지 못한다. 한 타를 줄이는 일이 얼마나 힘든지 경험해본 사람이라면 누구나 공감할 것이다.

그런데도 대부분 사람은 라운드 후 복습을 하지 않는다.

복습하지 않는 이유는 우리 뇌가 실수를 싫어하기 때문이다. 본능적으로 실수했던 사건, 좋지 않은 기억은 회피하고 잊으려 한다. 그러나 연습 후 복습하면서 실수했던 것들을 점검해야 더 많은 발전을 이룬다. 실수를 외면하고 덮어두면 다음 날 더 큰 스트레스가 당신을 괴롭힐 것이다.

단 몇 분만 할애해도 좋다. 아무리 바쁘고 피곤해도 복기는 거르지 마라. 가능하면 라운드의 여운이 생생하게 남아 있을 때, 망각의 진행이 최소화했을 때 서둘러 하는 것이 좋다. 복기하는 과정에서 발견한 문제점이나 과제가 있다면 그날 당장 점검하거나 이미지트레이닝이라도 해두는 것이 좋다.

자기 플레이 복기에만 집착할 필요는 없다. 내 플레이 복기를 마쳤다면 유명 선수들의 플레이를 복기해 보는 것도 좋은 공부가 된다. 바둑에서 프로 기사들의 판국을 복기하면서 바둑 공부를 하는 것처럼 골프도 유명 선수들의 플레이를 복기하면서 코스 공략 방법을 익히면 골프 실력을 키우는 데 큰 도움이 된다.

잭 니클라우스Jack william nicklaus는 말했다. "나는 언제나 실제 경기 이후에 가장 생산적인 연습 시간을 갖는다. 그때에는 내가 저지른 실수가 머릿속에 생생히 남아 있기 때문에 그 실수를 고치는 데 집중할 수 있다"[50]

불길한 생각

중국 남산 골프장의 한 파3홀 티잉그라운드에 두 남성이 올라왔다. 아일랜드 그린을 한참 바라본다. 목표는 분명하지만, 쉽지 않겠다는 표정이다. 이때 지나가던 불길한 생각들이 머릿속을 노크하기 시작했다. 자신들이 들어갈 자리가 있는지 살펴본다. 하나둘 자리를 잡기 시작한다.

성실성의 목적을 제대로 이해했는가

골프는 인격을 드러내는 게임이다.
토미 아머 *Tommy Armour*

프로골퍼가 되는 길은 여러 갈래가 있다. 어떤 길도 정답은 아니다. 자신에게 맞는 길을 선택해서 목적지까지만 가면 된다.

한 가지 자신 있게 말할 수 있는 건 어떤 길을 선택하든 '결국, 성실한 사람이 이긴다'라는 것이다. 이건 만고의 진리다. 아무리 재능이 뛰어난 사람이라도 성실하지 못하면 뒤처진다. 반면에 성실한 사람은 재능이 부족해도 언젠가 천재성을 따라잡는다.

적당히 운동하고 적당히 놀면서 적당히 테스트에 임하는 사람은 적당한 미래조차 보장받지 못한다. 10년 동안 프로테스트를 통과하지 못하는 사람은 반드시 그만한 이유가 있다. 아무리 좋은 전략을 세워도 성실성이 담보되지 않으면 빛을 보지 못한다. 나이나 경제적 여건 같은 환경을 탓하지는 마라. 자신에 놓인 환경을 비관한다고 해서 나아지는 건 아무것도 없다. 프로골퍼가 되기로 마음먹었다면 자신이 처한 불리한 환경마저도 극복할 각오가 되어 있어야 한다. 장인이 연장을 탓하지 않는 것처럼 프로골퍼는 환경을 탓해선 안 된다. 환경에 순응하고 극복하는 골프의 본질처럼 말이다.

프로테스트는 종이 한 장 차이로 붙고 떨어진다. 그 종이 한 장 차이는 성실성에서 갈린다. 오랫동안 변함없이 성실하게 준비한 사람은 종이 한 장 차이를 극복하겠지만, 그렇지 않은 사람은 종이 한 장에 눈물을 흘린다. 성실성이라는 것이 처음엔 작고 하찮게 보인다. 시간이 지나서야 그 위대함을 깨닫는다.

성실성도 습관이다. 습관 중에서도 좋은 습관이다. 좋은 습관을 들인 사람치고 성공하지 않은 사람은 없다. 어린 시절 접했던 이솝우화 『개미와 베짱이』가 주는 교훈이다. 그런데 『개미와 베짱이』의 이야기는 뇌과학적으로도 완벽에 가까운 시나리오다. 재능과 성실성은 반비례하는 경향이 짙다. 재능을 타고난 사람은 어떤 문제든 쉽고 빠르게 풀어낼 수 있어서 미리 대비하거나 과하게 시간을 할애하거나 심혈을 기울이지 않는다. 결국, 베짱이처럼 좋지 않은 습관이 몸에 밸 가능성이 크다. 시간이 갈수록 재능은 무뎌진다. 뒤늦게 깨달아도 이전의 천재성은 사라지고 없다.

반면에 재능은 부족하나 성실한 사람은 어떤가. 재능이 부족하다는 걸 알기에 더 노력한다. 좋은 습관이 몸에 밸 가능성이 크다. 재능은 갈고닦을수록 빛이 난다. 눈에 보이지 않는 성실성은 시간이 갈수록 진가를 발휘한다. 어릴 적엔 보이지 않던 재능이 하나둘 드러난다. 게으른 천재를 따라잡는다. 재능을 타고나지 않은 사람들에게는 참으로 다행스러운 일이 아닌가. 중도에 포기하지만 않는다면 성실한 사람이 이길 가능성이 매우 크다.

노벨화학상을 수상한 독일의 과학자이자 철학자 프리드리히 빌헬름 오스트발트Friedrich wilhelm ostwald가 성공한 사람들의 공통점을 연구한 결과 첫 번째 특성은 실패나 시련 앞에서도 좌절하지 않고 도전하고 성공을 확신하는 긍정적 사고[51]였다.

단, 몇 가지 주의할 점이 있다. 성실성이 너무 과해도 문제다. 성실성이 지나치면 늘 강박관념에 시달려서 스트레스를 달고 살아야 한다. 목표와는 무관하게 성실성에만 초점을 맞추는 사람도 문제다. 그런 사람은 매사에 성실해도 좀처럼 앞으로 나아가지 못한다. 노력한 시간에 비해 성적이 좋지 않은 사람이 여기에 속한다. 성실성은 어디까지나 목표를 이루기 위한 수단이지 남에게 보여주거나 칭찬을 받거나 자기만족을 위한 것이 아니라는 걸 명심하기 바란다.

놓칠 수 없는 아름다움

베트남 호치민 인근의 트윈도브스 골프장 연못에 핀 연꽃. 이 아름다운 코스를 눈에 담고 마음으로 음미하는 사람이 얼마나 될까. 각박한 일상 속에서 중요한 것들을 잊고 사는 우리다.

좋았던 샷감을 잃어버렸는가

골프는 아침에 자신감을 얻고 저녁에 자신감을 잃는 게임이다.
해리 바든 *Harry Vardon*

 어제까지 좋았던 샷감이 거짓말처럼 사라졌다. 눈을 감고 휘둘러도 300야드 이상 똑바로 날아가던 드라이버샷이 미묘하게 휘어지기 시작했다. 다음 날도, 그다음 날도 샷감은 돌아오지 않았다. 대체 어떻게 된 일일까. 그날은 도깨비에게 홀리기라도 했던 것일까. 똑같은 장소에서 똑같이 스윙해도 그날의 감각은 당최 돌아오지 않는다.

 너무 걱정할 필요는 없다. 지극히 정상이다. 당신의 기억력이나 운동신경에는 전혀 문제가 없으니 안심하라.

 골프에서 샷감은 운동기억 Kinesthetic memory에 속한다. 운동기억이란 몸을 움직일 때 속도, 방향, 균형, 리듬 따위를 감각적으로 받아들여 저장한 뒤 필요할 때 끄집어내는 일련의 시스템이다.

우리가 몸을 움직이면서 익히는 감각은 대부분 운동기억으로서 저장된다. 순식간에 인식되었다가 사라지는 감각기억 Sensory memory과 닮았으나 쉽게 저장할 수 없다는 것이 특징이다. 난생처음으로 골프 스윙을 배운 뒤 몇 번 따라 했다고 해서 골프 스윙을 완벽하게 익힐 수 없는 이유가 운동기억의 이 같은 특성 때문이다. 골프 스윙을 오랫동안 반복해서 연습하면 언젠가는 프로골퍼처럼 정확하고 일관된 스윙을 할 수 있는데, 이것은 운동기억이 단기기억에서 장기기억으로 옮겨진 결과다.

골프 스윙을 처음 배웠을 때의 기억은 단기기억에 저장된다. 그러나 운동기억이 단기기억에 머물 수 있는 시간은 20~30초에 불과하다. 그러니 올바른 샷감을 완전히 몸에 익힌다는 것은 매우 어려운 일이다. 올바른 샷감을 오랫동안 유지하는 일은 더 어렵다.

뇌는 컴퓨터와 다르기 때문이다. 컴퓨터처럼 파일 형식으로 정보를 저장하지 않는다. 컴퓨터는 인출 명령이 내려지면 해당 파일을 통째로 끄집어낸다. 반면에 인간의 뇌는 어디에 무엇을 저장했는지 확인할 길이 없다. 들어오는 정보들을 각각 다른 영역에 무작위로 저장한다. 좋은 샷감도 내가 원하는 위치에 저장할 수 없다. 인출 명령이 떨어지면 뇌의 구석구석에 흩어져 있던 구성 성분을 모아서 조립하는 과정을[52] 거친다. 흩어진 기억 일부만 찾아내면 팔다리 동작이 맞지 않아 어설픈 스윙이 나오기도 한다. 숨은 기억을 통째로 잃어버렸다면 인출 자체가 불가능해진다. 어제까지 잘 맞던 드라이버가 갑자기 맞지 않는 이유가 그것이다.

좋았던 샷감을 찾지 못하는 이유가 감각이 완전히 사라진 것인지, 어딘가에 숨어 있는 좋은 감각을 불러내지 못하는 것인지는 알 수가 없다. 피곤할 때나 압박감이 심할 때는 샷감이 떨어지기도 하는데, 매일 운동하던 선수가 며칠 동안 골프채를 잡지 않고 쉬었을 때 샷감이 돌아오기도 하는 것을 보면 좋은 감각을 찾지 못해 불러내지 못하는 것일 가능성이 크다. 뇌의 어딘가에는 좋았던 샷감이 숨어 있다는 것을 의미한다.

과거에 좋았던 샷감을 되찾는 일은 만만한 작업이 아니다. 특별한 노력 없이도 어느 순간에 샷감이 돌아온다면 고마운 일이지만, 그렇지 않을 경우는 상당한 시간과 공을 들여야 한다. 그렇게 해도 결국엔 좋았던 샷감을 찾지 못하는 사람도 있다. 과거에 좋았던 샷감을 누구나 쉽게 찾을 수 있다면 누구라도 큰 노력을 들이지 않고 언더파를 칠 수 있을 것이다.

잃어버린 샷감을 되찾는 방법은 몇 가지가 있다. 첫 번째는 좋았던 때를 구체적으로 기억하는 방법이다. 언제 어디에서 무슨 클럽으로 누구와 어떻게 쳤는지 상세하게 기억해보라. 뇌는 그때의 기억을 떠올리면서 좋았던 샷감을 함께 끄집어 올리기도 한다. 그 기억들 속에 좋았던 샷감이 끼어 있을 수도 있다. 평소 운동일지를 꾸준히 썼다면 좋았던 샷감을 좀 더 쉽게 찾아낼 수도 있다. 당신의 기억 속 시뮬레이터를 리얼하게 가동할수록 효과가 좋다.

두 번째는 루틴을 활용하는 방법이다. 평상시 스윙할 때마다 같은 방법의 루틴을 꾸준히 반복해왔다면 평소처럼 루틴을 하면서 좋았던 샷감을 끄집어낼 수 있다. 루틴 속에 좋았던 샷감이 숨어 있을 수도 있으니 생각을 비우고 루틴에 몸을 맡기면서 무의식적으로 스윙하라.

세 번째는 골프 스윙을 그립 쥐는 방법(기초)부터 다시 시작하는 것이다. 기존의 기억은 깨끗이 비우고 모든 것을 다시 시작한다. 컴퓨터로 치면 포맷을 시도하는 것과 같다. 이 방법은 최후의 수단이다. 책 한 권에 쓰인 한 줄 문장을 찾아내기 위해 수십만 권이나 되는 도서관 책을 모두 뒤지는 것만큼이나 고통스러운 작업이지만, 의외로 많은 프로골퍼가 이 방법을 활용하고 있다.

감을 잡아라

중국 남산 골프장의 한 홀에서 감나무를 발견했다. 감이 주렁주렁 매달려 있다. 수확의 계절이 왔음을 일러준다. 페어웨이 한복판, 그것도 IP지점에 감나무를 심어 놓은 걸 보니 감을 잡으라는 뜻인가 보다.

현실 스코어를 자각하고 있는가

스코어는 잊어라. 플레이를 즐겨라.
필 미켈슨 *Phil Mickelson*

싱글 핸디인 아마추어 골퍼가 프로테스트에 도전한다면 어떨까? 싱글을 치는 아마추어 골퍼는 매우 많다. 그중 소수는 프로골퍼를 목표로 손바닥에 피가 나도록 운동한다. '이왕 골프를 시작했으니 끝장을 보고 싶다'라는 마음으로 악착같이 골프에 매달리는 사람도 있다. 하지만 그들 중 프로골퍼가 되는 사람은 극소수다. 아마추어 골퍼 사이에서 공 좀 친다는 사람들이 프로에 도전했다가 실패를 경험한 사례가 수두룩하다. 프로와 아마추어의 차이를 망각한 탓이다. 아마추어 골퍼들의 코스와 프로골퍼들의 코스가 다를 뿐 아니라 스코어를 계산하는 방식도 차이가 있기 때문이다.

아마추어 골퍼들이 자주 착각하는 것 중 하나가 핸디캡이다. 프로골퍼는 핸디캡이 없다. 가끔 프로골퍼에게 핸디캡을 묻는 경우가 있는데, 프로골퍼는 평균 이븐파 이하로 치기 때문에 핸디캡을 물으면 실례다. 프로골퍼에게 핸디캡이 있어선 안 된다. 파4홀에서는 4타, 파5홀에서는 5타 이내로 쳐야 한다. 그렇게 18홀을 돌면 평균 72타 이내 스코어가 나온다.

그러니 프로와 아마추어의 경기력은 표면상으로도 상당한 차이가 있다. 같은 이븐파를 쳤다고 해도 똑같이 평가해선 안 된다. 아마추어와 프로는 티샷 위치부터 다르기 때문이다. 아마추어 골퍼는 화이트티에서 티샷하는 반면에 프로골퍼는 코스 가장 뒤에 있는 블루티(백티)에서 친다. 백티는 화이트티보다 20야드 이상 길다. 18홀로 환산하면 400야드나 긴 코스에서 플레이하는 셈이다. 한 홀을 더 플레이하는 것과 같다. 웬만한 파4홀에서 2온을 했던 아마추어 골퍼라도 백티에서 치면 2온이 어려워진다. 아마추어 골퍼가 화이트티에서 싱글 핸디를 기록해도 백티에선 90타 이상 나오는 경우가 많다. 그만큼 스코어 관리가 어렵다.

아마추어 골퍼가 프로골퍼에 도전하려면 평상시에도 백티에서 쳐야 한다. 그래야 정확한 핸디를 알 수 있고, 프로테스트에 응시할 만한 실력인지를 가늠이라도 해볼 수 있다. 백티에서 평균 이븐파를 치지 못한다면 프로테스트에 응시해도 들러리가 될 가능성이 크다.

화이트티에서는 매일 언더파를 쳐도 아무런 의미가 없다. 연습도 실전처럼 해야 한다. 평상시 화이트티에서만 연습하면 주말 골퍼 수준에서 벗어나지 못한다. 어설프게 화이트티에서 친 최고 기록으로 프로에 도전할 생각이라면 애당초 시작하지 않는 게 좋다.

실제로 프로테스트 대회장에 나가보면 전국에서 다양한 사람이 모인다. 그 많은 응시생 중에는 화이트티에서만 연습하고 온 사람도 있다. 화이트티에서 언더파를 친다며 우쭐대면서 자만하는 사람도 보인다. 그런 사람 중에 합격했다는 소리는 단 한 번도 듣지 못했다.

주말 골프를 즐기던 아마추어 골퍼가 프로에 도전하려면 치밀한 계획을 세워서 접근해야 한다. 화이트티에서 플레이하면서 프로테스트를 준비하면 웃음거리가 된다. 프로골퍼가 되기로 마음먹은 순간부터는 백티에서 90타로 다시 시작한다는 마음가짐이 있어야 한다. 그렇지 않으면 이상과 현실의 괴리만 확인하고 끝난다.

프로테스트는 계획만 잘 세우면 비교적 단기간에 합격할 수도 있다. 물론 기간을 가늠하기는 매우 어렵다. 중학교 3학년 때 시작해 고등학교 3학년 때 합격했다는 사람도 있고, 초등학교 저학년 때 시작해 체계적인 교육을 받았는데도 성인이 될 때까지 합격하지 못한 사람도 있다. 용인대학교 골프학과 학생들만 놓고 보면 평균 6년이 걸리는 것 같다. 중학교 1학년에 시작하면 고등학교 3학년 때는 합격할 수 있다는 뜻이다. 당연히 체계적인 교육을 받으면서 부단히 노력한 결과다.

그렇게 해도 어려운 길이다. 아마추어 골퍼가 싱글 핸디를 치면 그때부턴 한 타를 줄이는 데 수개월이 걸린다. 아주 현실적이고 실현 가능한 목표를 세워 접근하지 않으면 프로 골퍼의 꿈은 요원해진다.

프로테스트 합격 가능성을 타진해보는 방법이 있다. 골프 입문부터 싱글 핸디를 기록할 때까지 걸린 시간이 어느 정도인지 추산해보는 것이다. 예를 들어서 골프 입문 1년 3개월 만에 화이트티에서 이븐파를 기록했다고 치자. 대단히 빠른 속도다. 그러나 이 기간이 길어질수록 프로테스트 합격 가능성도 작아진다.

싱글 핸디부터 이븐파까지는 개인의 노력에 달려 있다. 전략적으로 꾸준히 노력한 사람은 단기간에도 달성할 수 있지만, 전략도 성실성도 없이 적당히 하는 사람은 평생 이븐파에 도달하지 못한다. 보통 프로 입문 후 싱글 핸디를 기록할 때까지 걸렸던 시간의 두 배는 걸린다. 중간에 실력 향상의 정체기와 슬럼프가 올 수 있기 때문이다. 물론 체계적인 교육을 받으며 열심히 노력해야 그렇게라도 할 수 있다.

현실 스코어를 자각하지 못하는 사람에게는 그것마저도 어려운 일이다.

고독한 휴식

2017년 싱가포르 센토사 골프장 탄종 코스에서 열린 LPGA 투어 HSBC 위민스 챔피언십에 출전한 박성현. 경기 중 페어웨이에 앉아 휴식을 취하고 있다. 휴식마저도 고독해 보인다.

유튜브 영상을 보며 독학하는가

자세를 만들지 말고 공을 만들어라.
존 람 *Jon Rahm*

요즘은 골프를 배우기에도 참 좋은 세상이다. 극성을 부리지 않아도 모든 정보를 손쉽게 손에 넣을 수 있다. 유튜브나 네이버 영상을 찾아보면 없는 것이 없을 만큼 정보가 넘쳐난다. 필요한 자료를 굳이 수집하지 않아도 PC를 켜서 인터넷 검색만 하면 원하는 자료가 우수수 쏟아진다. 골프를 독학으로 익히거나 혼자서 프로테스트를 준비하는 사람들에겐 큰 자신감을 준다.

그런데 유튜브 영상을 보면서 독학하는 방법에는 치명적인 단점이 있다. 소통이 어려운 일방통행식 학습이라는 점이다. 레슨을 받으면 프로골퍼가 내 스윙의 문제점을 즉시 찾아주지만, 유튜브는 백날 봐도 내 문제점을 찾아주는 사람이 없다. 오늘 본 영상이 마치 내 문제점을 다룬 콘텐츠

같아도 막상 그대로 따라 해보면 잘 고쳐지지 않는다. 수동적으로 학습한 뒤 내 멋대로 상상하게 된다. 스윙이 완전히 망가진 뒤에야 문제점을 인식한다. 사실상 골프를 배우는 데 도움이 되지 않는다.

유튜브 영상은 책을 보며 독학하는 것보다 못하다. 독서는 정신적으로 집중해야 하는 작업이다. 책을 덮고 나면 하나의 주제를 깊이 생각하게 된다. 반면에 인터넷 검색이나 유튜브 영상 시청은 오래 할수록 정신이 산만해진다. 다양하지만 산발적인 정보를 많이 접하게 되어 한 가지에도 깊이 있게 생각하지 못한다.

독서와 유튜브 영상 시청의 공통점을 굳이 찾으라면 정보를 받아들인다는 점이다. 그러나 뇌가 정보에 집중하는 방식은 전혀 다르다. 독서는 세로 방식으로 접근해 깊이 몰입해서 파고드는 반면에 인터넷 검색이나 유튜브 시청은 가로 방식으로 접근해 폭넓은 정보를 취한다.

가로 방식의 학습은 손가락 하나로 편하게 클릭만 하면 수많은 정보와 접촉할 수 있다. 시간 가는 줄을 모를 만큼 재미도 있다. 매우 수동적인 방법이다. 그에 반해 세로 방식의 학습은 일정 시간 의도적이고 능동적으로 집중해야 가능[53]하다. 다수의 사람이 독서보다 영상에 흥미를 느끼고 빠지는 이유다.

만약 유튜브 영상을 보면서 골프를 독학으로 익히고자 한다면 최소 두 가지가 담보되어야 한다. 첫 번째는 정확한 스윙 플레인이다. 골프는 그립과 스윙 플레인이 전부라고 해도 과언이 아니다. 두 가지만 잘하면 골프 스윙의 90%는 완성이다. 두 번째는 꾸준함이다. 그립과 스윙 플레인이 정확하다고 해도 꾸준히 반복연습을 하지 않으면 내 것이 될 수 없다.

두 가지를 종합하면 정확한 그립과 스윙 플레인으로 꾸준히 연습하는 것이다. 얼핏 생각하면 쉬울 것 같지만, 대단히 어려운 일이다. 혼자서 정확한 그립과 스윙 플레인을 만드는 것 자체가 어렵고, 코치 없이 혼자서 꾸준히 연습하는 것은 더 어려운 일이다. 꾸준히 연습한다고 해도 스윙 플레인이 조금만 흐트러지면 낭패다. 이 과정이 쉽다면 모든 사람이 레슨을 받지 않고도 프로골퍼 수준으로 공을 칠 수 있지 않을까. 굳이 비싼 레슨비를 감수하면서 연습장에 갈 이유도 없다.

대다수 프로골퍼가 독학을 권하지 않는 이유도 단지 상업적 이익만을 생각해서가 아니다. 혼자서 골프를 배우면 좋은 길을 놔두고 먼 길로 돌아가기 때문이다. 골프 스윙의 수많은 메커니즘을 혼자서 이해하기 위해서는 상당한 시간이 요구된다. 대부분 사람이 누군가가 인도해주는 길을 이용하는 이유가 그것이다. 그 길이 쉽고 빠르고 편리하다. 쉬운 길 중에서도 더 좋은 길로 인도해주는 사람에게 배워야 더 쉽고 빠르게 목적지에 도달할 수 있다. 자신과 맞는 스승을 찾아서 체계적인 교육을 받아야 한다는 뜻이다. 어떤 스승을 만나냐에 따라 인생이 달라지기도 한다. 그것이 경제적, 시간적, 육체적, 정신적으로도 훨씬 이득이다.

거액의 레슨비를 도저히 감당할 수 없어서 어쩔 수 없이 유튜브 영상이라도 보면서 독학으로 골프를 익혀야 한다면 레슨 영상을 보면서 연습하되 정기적으로 프로골퍼와 만나 원포인트 레슨이나 상담이라도 받기를 권한다.

너의 레벨은?

중국 남산 골프장에는 험악한 홀이 제법 많다. 험한 경사와 굴곡, 큼직한 바위들이 페어웨이 한복판에 버티고 있는 홀도 있다. 알고 보니 초보자에겐 한없이 어렵고 상급자에겐 어렵지 않은 코스라고 한다. 보는 사람의 레벨에 따라 난이도가 달라지는 코스다.

캐디의 눈으로 본 적이 있는가

좋은 스코어는 나쁜 스윙을 용서한다.
리 트레비노 *Lee Trevino*

지금 실력에서 한 단계 더 도약하고 싶다면 캐디를 경험하라. 백을 메고 필드에서 일어나는 모든 현상과 마주하며 자연과 소통하는 법을 배워라. 목표지점까지 거리를 계산하고, 바람의 방향과 세기를 느끼고, 잔디 상태를 체크하고, 페어웨이와 그린의 언듈레이션을 확인하고, 공략 방법에 대해서 고민해보라. 그러면 플레이어로서 보거나 느끼지 못했던 것들이 하나씩 눈에 들어오고 새로운 것들을 느끼게 된다. "나라면 이렇게 했을 텐데"라면서 창의적이고 참신한 공략 방법이 떠오르기도 한다.

의학 용어에 터널시야Tunnel vision라는 말이 있다. 차를 몰고 터널에 들어가면 멀리 출구 쪽에서 하얀빛이 눈에 들어오는데, 운전자는 그 빛만 보고 주행하느라 터널 안에 무엇이 있는지 제대로 인식하지 못하게 된다. 터널 출구 쪽 하얀 빛은 운전자의 주관적 확신이고, 터널 안의 어두운 곳들은 객관적 사고다. 즉, 한 가지 문제에 고착되면 객관적이고 종합적인 사고를 할 수 없게 된다는 뜻이다.

평상시 플레이어로서만 라운드하면 객관적이고 종합적인 사고를 하지 못할 가능성이 크다. 아무리 객관적으로 보려고 애를 써도 보이지 않는다. 중이 제 머리는 깎지 못한다고 스윙에 문제점이 있어도 발견하지 못한다. 플레이 중에 불필요한 동작이나 행동도 전혀 인지하지 못한다. 창의적인 공략 방법도 떠오르지 않는다.

하지만 플레이어가 아닌 관찰자가 되어 플레이어를 바라보면 온갖 허점이 눈에 들어온다. 스윙 템포부터 침착하지 못한 행동, 잘못된 공략들도 보인다. 우리 뇌는 한 가지에 신념을 가지면 그것을 애써 입증하기 위해 많은 에너지를 쏟는다. 그것이 긍정적이든 부정적이든 말이다. 잘못된 거리 판단을 해놓고도 옳게 말한 캐디에게 핀잔을 주는 경우가 생기는 이유다.

캐디는 선수와 가장 가까이에 있는 관찰자이자 동반자다. 플레이어의 미세한 떨림과 심리상태까지 들여다볼 수 있다. 그래서 캐디를 경험하면 스윙을 제외한 모든 것에서 골프에 눈을 뜰 수 있다. 스윙에만 몰두하면서 보이지 않앉던 것들이 하나씩 눈에 들어온다. 거리를 계산하고 그린의 언듈레이션을 읽고 영리하게 경기 운영을 하는 방법까지 깨닫게 된다.

 골프를 좀 더 심층적으로 알고 싶다면 프로골퍼의 캐디를 하라. 아마추어 골퍼의 캐디는 골프 실력과 센스를 키우는 데 거의 도움이 되지 않는다. 골프장 캐디 업무를 얕잡아 보는 것이 아니다. 오해 없길 바란다. 아마추어 골퍼의 캐디를 오래 하면 카트를 운전하면서 골프채를 챙겨주는 일에 너무나 많은 에너지를 쏟는다. 심지어 챙겨야 할 플레이어가 네 명이나 된다. 동반 플레이어로서 가장 중요한 캐디 업무는 놓치게 될 가능성이 크다.

 반면에 프로골퍼의 캐디는 백을 어깨에 메고 전담하는 단 한 명의 선수와 코스를 돌면서 코스에서 일어나는 모든 현상에 귀를 기울일 수 있다. 동반 플레이어로서 거리를 계산하고, 장애물을 파악하고, 공략 루트를 염두에 두고, 플레이어의 심리까지 파악해야 한다.

 프로골퍼의 캐디를 하면서 투어를 뛰면 경제적인 이익도 따라온다. 선수의 성적에 상관없이 기본급을 받고, 우승을 하거나 상위권에 들면 더 많은 보상을 받는다. 골프를 보는 눈도 달라진다. 그래서 유명 프로골프선수 중에는 아마추어 시절부터 프로 대회에서 캐디 경험을 쌓은 선수가 제법 많다. 경기 중에 선수를 대신해서 직접 스윙을 할 수는 없지만, 사실상의 동반 플레이어로서 코스를 누빈다. 골프 경기의 메커니즘이 머릿속에 깊이 각인된다. 선수로서 경험하고 깨달을 수 없던 모든 것을 캐디의 눈을 통해서 객관적이고 종합적으로 바라보게 된다.

앉아쏴 신기술

백규정이 2017년 NH투자증권 레이디스 오픈 연습 라운드에서 티샷 후 웃음을 터뜨리며 무릎까지 꿇고 말았다. 대체 공이 어디로 갔길래. 마치 앉아쏴 신기술을 선보인 듯하다.

목표와 계획은 구체적인가

매 라운드는 새로운 시작이다. 지난 일은 잊어라.
아리야 주타누간 *Ariya Jutanugarn*

목표는 도착지다. 도착지를 설정했다면 구체적인 계획을 세워야 한다. 계획이 흐릿하고 구체적이지 않으면 목적지까지 가는 길이 불투명해진다. 뚜렷한 목표와 구체적인 계획은 목적지까지 안전하게 가기 위한 가이드라인이자 최소한의 안전장치다.

예를 들어서 프로테스트 합격을 목표로 잡았다면 몇 년간 매일 어떻게 노력할 것인지에 대해서 구체적인 계획을 세워야 한다. 앞으로 3년 뒤 KPGA 프로테스트에 합격하는 것을 목표로 잡는다면 3년간 어떻게 노력할 것인지 지나칠 정도로 구체적이고 세부적인 계획을 정리해야 한다.

목표와 계획이 구체적이어야 하는 이유는 이미 여러 연구를 통해서 밝혀졌다. 첫 번째는 추진력을 얻기 위해서다.

목표를 제대로 정의하지 않으면 뇌는 우리가 실제로 그 목표를 이루었는지, 목표를 향해 다가가고 있는지 판단하기 어렵다. 그러면 도파민도 덜 분비될 뿐 아니라 진척 상황을 인지할 수 없어 추진력을 잃을 수 있다.[54]

두 번째는 중도 포기를 막기 위해서다. 설정된 목표가 있다면 꿈을 이뤄야 한다는 간절한 마음이 생긴다. 간절함은 열망이라는 동력으로 발전해 힘든 상황에서도 포기하지 않게 한다. 목표가 흐릿하거나 계획이 구체적이지 않으면 꿈을 이룰 수 있다는 믿음도 흐릿해져 자포자기하기 쉽다.

세 번째는 유혹에 빠지지 않기 위해서다. 목표가 있는 사람과 없는 사람의 차이는 크다. 목표가 있는 사람은 삶의 중심축이 튼튼하게 잡혀 있어서 주변 사람에게 끌려다니거나 역경에도 크게 흔들리지 않지만, 목표가 흐릿한 사람은 작은 변화나 유혹에도 쉽게 흔들린다.

네 번째는 정신 건강에도 이롭기 때문이다. 목표를 잃으면 만성적인 스트레스 반응이 일어나 다양한 건강 문제로[55] 이어질 수 있다. 한 연구에 따르면 목표의식이 낮은 사람은 사망률도 높다.

다섯 번째는 경제적·시간적 낭비를 막을 수 있기 때문이다. 나아가고자 하는 방향이 분명하지 않으면 여러 차례 시행착오를 겪을 수 있다. 언제 어떻게 탈선하거나 먼 길로 돌아가게 될지 알 수 없다. 그러면서 아까운 돈과 시간과 체력만 낭비하게 된다.

마지막 여섯 번째는 꿈을 이룰 가능성이 커진다. 목표가 뚜렷하고 성실한 사람은 언젠가 목표에 다다른다. 목표가 뚜렷하고 계획이 구체적일수록 성공 가능성은 커진다. 반대로 목표와 계획이 불분명하면 성공 가능성은 제로에 가까워진다. 목표가 흐릿한 사람이 무엇을 향해 달려가겠는가.

인생은 실전이다. 계획이 치밀해도 계획대로 되지는 않는다. 언제 어디서 무슨 일이 일어날지 아무도 모른다. 그래서 실패 가능성까지 염두에 두면서 더 치밀하게 준비해야 한다. 드라마 대본을 쓰듯이 구체적이고 치밀하게 현실적인 미래를 적어보라. 계획은 아무리 치밀하게 세워도 돈 한 푼 들지 않는다. 미래를 위한 가장 확실한 투자를 돈 한 푼 쓰지 않고 하는 셈이다. 무조건 남는 장사다.

핀에 붙여봐

골프장 코스를 둘러보면서 직접 공을 치는 상상을 하곤 한다. 그린 주변에서는 공을 띄워서 핀에 붙이는 상상을 한다. 상상만으로도 흥분되고 짜릿하다. 고맙게도 우리 뇌는 상상이 아니라 실제로 코스에서 플레이하는 것으로 받아들인다.

일일 계획은 세웠는가

오늘 최악의 라운드가 내일 최고의 라운드가 될 수 있다.
필 미켈슨 *Phil Mickelson*

계획이 구체적이라고 해서 무조건 좋은 건 아니다. 매일 실천 가능한 현실적 계획이어야 한다. 대부분 계획표까지 멋지게 만들어놓고 작심삼일로 그치는 이유가 실천하지도 못할 계획을 무리하게 세워놓기 때문이다.

1년 계획을 세운다고 생각해보라. 가장 중요한 시기가 언제인가. 바로 지금 이 순간이다. 오늘 이 순간부터 계획을 실천하지 않으면 내일은 없다. 목표에 단 한 발짝도 다가가지 못하고 좌초되고 만다. 그러니 지금 이 순간부터 실천 가능한 계획을 세워야 한다.

'내년까지 프로테스트 합격'을 목표로 잡았다고 치자. 그런데 오늘 당장 실행에 옮길 계획은 세우지 않았다면 반드시 목표를 달성하겠다는 열망이 부족한 사람이다. 그러면 목표의식이 흐릿해져 나태해지기 쉽다. 막연한 목표와 계획일 뿐이다. 막연한 목표와 계획은 내일부터 시작인지, 다음 주부터 시작인지 알 수 없다. 뇌는 '아직 멀었으니 천천히 쉬면서 해도 된다'라는 나태한 신호를 보낸다. 그러면 오늘도, 내일도 아무것도 하지 않고 아까운 시간만 흘려보내게 된다. 반면에 오늘 당장 무엇을 할 것인지부터 계획하면 뇌는 긴장감을 가지고 집중력을 끌어 올린다.

오늘 계획했던 일들을 완벽하게 실천하면 기분이 좋아지고 동기 부여가 샘솟는다. 오늘 계획을 완벽하게 실천했다면 다음 날도 실행 가능한 계획을 세워서 실천해보라. 전날보다 큰 기쁨과 보람을 느끼면서 더 큰 성취감이 돌아온다.

이렇게 하루하루 작은 계획들을 실천해나가면 좋은 습관이 몸에 배면서 목표에 좀 더 가까워지는 기분을 느낄 수 있다. 좀 더 과감한 계획을 세워도 두려움보다 할 수 있다는 자신감이 앞선다.

주의할 점도 있다. 계획은 실천하기 위해 짜는 것이다. 다른 사람에게 보여주기 위해서도, 자기만족을 위해서도 아니다. 실천하지도, 할 수도 없는 거창한 계획만 늘어놓아 봐야 아무런 의미가 없다. 지금 당장 무엇을 할 수 있는지부터 생각하고, 지금 당장 실천 가능한 계획부터 세워라. 지금 바로 시작해라.

타이어 그늘 아래

타이어 그늘 아래 앉은 양수진. 타이어 조형물이 앉아서 쉴 수 있는 벤치가 되고, 뜨거운 햇볕을 막아주는 그늘막이 된다. 언제 어디서 어떤 사진을 찍어도 존재감이 남달랐던 양수진의 리즈 시절.

플라시보 효과를 경험했는가

한 번의 좋은 샷이 쉰 번의 실수를 잊게 한다.
프레드 커플스 *Fred Couples*

강종철 박사는 48세에 골프를 시작해 56세에 KPGA 프로테스트에 합격했다. 그가 늦은 나이에도 프로골퍼가 될 수 있었던 비결 중 하나는 플라시보 효과를 잘 이용한 덕이다.

그는 프로골퍼가 되기 전부터 모자와 옷에 자신의 의지를 표출하고 있었다. '내 사전에 2등은 없다'라는 의미를 담아서 'Second to none'이라는 영문을 새겨넣었다. 'Second to none'이라고 쓰인 패치를 만들어서 모자 왼쪽 측면과 상의 어깨 부분에 붙이고 다녔다. 당시 연습할 때 쓰고 입었던 모자와 옷에는 전부 'Second to none'이라고 적힌 영문 패치가 붙어 있었다. 그것도 부족해서 틈만 나면 '세컨드 투 논'이라고 중얼거리면서 자기 암시를 했다.

'세컨드 투 논'은 전쟁터에서 미군이 자주 썼던 말 중 하나다. 전쟁에서 2등은 없다. 전장에서 2등은 곧 죽음을 뜻한다. 당연히 1등만 살아남는다.

강종철 박사가 생각하는 프로테스트는 전쟁과 같았다. 대회장은 전쟁터와 다르지 않았다. 전쟁 같은 프로테스트에서 1등을 하기 위해서는 피나는 노력이 필요했다. 어설프게 커트라인 안으로만 들겠다는 생각은 처음부터 없었다고 한다.

'Second to none'이란 영문 패치에 관심을 주는 사람은 아무도 없었다. 'Second to none'의 의미는 물론이고 패치를 달고 있었다는 사실조차 인지하지 못하는 사람도 많았다. 강종철 박사도 주변 사람을 의식하거나 보여주기 위한 목적으로 패치를 단 건 아니었다. 마음의 각오와 결의를 눈에 잘 띄는 곳에 적어넣어서 매일 초심을 잃지 않고 노력하자는 의도였다고 한다. 늦은 나이에 프로테스트 도전이 얼마나 고단한 과정인지 잘 알고 있었기 때문이다.

실제로 그는 테스트를 준비하면서 수많은 유혹과 싸워야 했다. 좋아하던 술과 담배를 끊었고, 새벽잠의 달콤함을 뿌리쳤으며, 주변 사람들의 조롱 섞인 비아냥도 감내해야 했다. 무엇보다 적지 않은 나이에 뻣뻣해진 몸을 이끌고 젊은 이들과 경쟁한다는 것 자체가 고단한 일이었다.

그가 수많은 유혹과 체력적 한계를 극복하기 위해 선택한 것은 셀프 토크였다. 혹시라도 나태해지거나 약한 마음이 들기 전에 미리 셀프 토크를 하면서 마음을 다잡았다. 한숨을 돌릴 틈도 주지 않았고, 딴생각할 여유조차 허락하지 않았다.

짬이 날 때마다 '세컨드 투 논', '2등은 없다'란 말을 반복해서 중얼거렸다. 연습할 때는 물론이고 라운드 중에도 '세컨드 투 논'과 '2등은 없다'라는 말을 무엇인가에 홀린 사람처럼 중얼대고 있었다. 아침에 눈을 뜨자마자 가장 먼저 했던 말이 '세컨드 투 논'이었고, 밥을 먹고 씻을 때도 같은 말을 반복했다. 누워서도 '세컨드 투 논'을 중얼거리면서 잠을 청했다.

더 나아가 프로골퍼가 되기도 전부터 자신을 프로라고 불렀다. 프로테스트에 합격한 것도 아니었는데, 이미 프로골퍼가 된 사람처럼 말하고 행동했다. 필드에서 실수하거나 스코어가 저조할 때는 "야, 강 프로, 너 그것 밖에 못 해?"라며 강하게 꾸짖다가도 "강 프로, 넌 할 수 있어"라며 자신감과 용기를 불어넣었다. 운동이 끝난 뒤에는 "강 프로, 고생했어. 점심 먹으러 가자"라면서 토닥이기도 했다.

이렇게 프로골퍼가 되기 전인 자신을 프로라고 부르는 행위는 일종의 자기 암시다. 자기 암시는 플라시보 효과

Placebo effect로 나타났다. 프로골퍼가 된 것처럼 생각하고 상상하고 행동하면서 조금씩 목표에 가까워지고 있다는 것을 느꼈다.

강종철 박사에게 자기 암시는 인생을 바꾼 시도였다. "난 어차피 프로골퍼가 될 거니까"라는 생각에 몸도 마음도 흔들리지 않았고, 언행도 조심하게 되었다. 프로골퍼다운 플레이를 하기 위해 부단히 노력했으며, 프로골퍼에 걸맞지 않은 행위는 일절 하지 않았다. 가끔 흐트러진 행동이나 나태한 모습을 보이다가도 곧 제자리로 돌아왔다. 노력한 만큼 결과는 따라왔다.

자기 암시 효과는 우리가 알고 있는 것보다 훨씬 뛰어나다. 인간의 뇌는 생각한 대로 상황을 만든다. 다시 말해, 부정적인 생각은 부정적인 상황을 만들고, 긍정적인 생각은 목표를 달성하도록 돕는다. 성공할 것이라는 생각은 그 자체만으로도 큰 힘이 된다.[56]

만약에 강종철 박사가 자기 암시를 버릇처럼 하지 않았다면 어땠을까. 힘든 상황에 부딪혔을 때 쉽게 포기해버렸을지도 모른다. 자신도 모르는 사이에 부정적인 생각이 확산하면서 부진의 늪에 빠져들거나, "내가 나이도 있는데, 프로가 될 수 없잖아", "역시 난 프로가 될 수 없어", "젊은 사람들 사이에서 창피하게 이게 무슨 짓이야" 같은 부정적인 생각에서 헤어나지 못하고 포기해버렸을지도 모를 일이다.

보기와 달라

골프는 보기보다 어려운 운동이다. 다른 사람의 플레이를 보면 참 쉬워 보이지만, 직접 해보면 뜻대로 안 된다. 골프장도 쉬워 보이는 홀이 있으나 대부분 보이지 않는 곳에 함정이 있다. 중국 남산 골프장은 반대다. 거칠고 험해 보여서 두려움을 유발하지만, 알고 보면 순한 양 같은 코스다.

대장은 튼튼한가

골프는 인내심을 시험하는 게임이다.
게리 플레이어 *Gary Player*

운동만 열심히 한다고 해서 대선수가 될 수 있는 것은 아니다. 실전에서 긴장을 줄여야 좋은 선수가 될 수 있다. 긴장이 많은 선수는 예민한 유형으로 실전에 약할 가능성이 크다.

프로테스트를 본다는 건 누구에게나 큰 스트레스다. 예민한 사람은 티잉그라운드에 올라가는 순간 머릿속이 하얘지고 몸이 딱딱하게 굳어버린다. 지나치게 긴장한 나머지 평소 실력을 제대로 발휘하지 못한다. 설사나 변비가 생기는 사람도 있다. 몸에는 아무런 이상이 없는 데도 말이다. 이러한 현상을 과민성 대장 증후군 Irritable bowel syndrome이라고 한다. 시험 날짜가 다가올수록 증상은 더 심해질 수 있다. 그럴수록 긴장감은 더 커진다. 이전 테스트에서 떨어진 경험이 있다면 좋지 않은 기억이 떠올라 상태를 더 악화시키기도 한다.

왜 이런 증상이 나타나는 걸까. 우리 장은 뇌와 신경으로 밀접하게 연결돼 있어서 신호를 긴밀히 주고받는다. 뇌가 긴장하면 장도 긴장하고, 뇌가 예민해지면 장도 덩달아 예민[57]해진다. 찬 음식을 먹거나 배를 차갑게 해도 설사가 날 수 있는데, 복부가 차가워지면 소화 기능은 더 떨어진다. 평소 예민한 사람들은 찬 음식을 피하는 것이 좋다.

이런 유형의 사람은 대장 관리도 전략적으로 해야 한다. 타고난 유전자를 바꾸지는 못해도 생활 습관은 얼마든지 바꿀 수[58] 있다. 모든 사람은 학습의 능력을 타고나기 때문이다. 아름다운 선율을 만들어내는 기타리스트의 손놀림이나 사람의 목숨을 살리는 의사들의 의료 기술은 모두 학습의 결과[59]물이다.

프로테스트를 앞두고 최소 한 달 전에는 잠을 충분히 자고, 소화가 잘 되는 음식으로 규칙적인 식사를 해야 한다. 아이스크림 같은 찬 음식이나 평소 잘 먹지 않던 음식은 피하는 것이 좋다.

아침에 일어나서 용변을 보는 일도 전략이고 계획이다. 용변을 제대로 보면 정신이 맑아진다. 정신이 맑아지면 몸도 가볍다. 용변을 본 후의 두뇌 회전이 용변을 보기 전보다 훨씬 빠르다는 연구 결과도 있다.

아침에 용변을 보지 못하면 아랫배가 묵직해서 몸 전체가 무겁게 느껴진다. 반대로 설사를 하면 기운이 빠져서 체력적, 정신적으로 문제가 생긴다. 도저히 골프에 집중할 수가 없다.

그 상태로 코스에 나가면 낭패를 볼 수도 있다. 라운드 중에 화장실을 가야 하는 상황이 벌어질 가능성이 크기 때문이다. 연습 때라면 크게 상관없겠지만, 시험 중에 배에서 신호가 오면 골치 아파진다. 화장실이 없는 홀에서 신호가 오면 최악이다. 화장실이 있는 홀까지 참고 플레이를 해야 한다. 집중력이 흐트러져서 제대로 된 플레이를 하지 못한다. 소변이라면 몰라도 괄약근에 힘을 주어야 하는 상황은 생각만 해도 끔찍하다. 임팩트 순간이나 내리막길을 걷다가 대형 사고를 칠 수도 있다.

이처럼 경기 중 초대형 참사를 막고 최상의 컨디션을 유지하기 위해서는 대장의 리듬을 완전히 바꿔 놓아야 한다. 아침에 일어나 용변을 보고 코스에 나가는 습관을 들이는 것이다. 아침에 일어나면 이뇨작용에 좋은 보이차나 녹차를 마시는 것이 좋다. 몇 잔을 마시고 나면 정신이 맑아지면서 뱃속에서 신호가 온다. 낫또(일본식 생청국장), 요구르트, 고구마 등은 대장활동에 좋은 음식이다. 이런 패턴을 1년 동안 하루도 거르지 않고 똑같이 실천하면 체질은 자연스럽게 바뀐다. 그 리듬을 시험 당일까지 이어가면 된다.

처음부터 원하는 시간에 용변이 잘 나오지는 않는다. 용변을 보는 일에도 정성이 필요하다. 자신이 원하는 몸 상태를 만들기 위해서는 상당한 인내력이 요구된다. 처음에는 용변을 제때 보지 못해서 애를 먹는 사람도 많다. 하지만 습관을 들이면 나중엔 굳이 용변을 보려고 하지 않아도 정해진 시간에 알아서 신호가 온다. 튼튼한 대장도 자기관리로 만들어진다.

어려울 것이라는 편견

링크스 코스가 어렵다는 건 편견이다. 망망대해를 보는 순간 편견은 더 굳어져서 두려움에 휩싸인다. 하지만 시야에서 바다를 가리면 평범한 코스일 뿐이다. 그냥 그린만 보고 치면 된다. 잘 친 샷이 바닷물로 뛰어드는 마법 같은 일은 일어나지 않을 테니까. 중국 남산 골프장에서.

프로 지망생에게

골프 이론을 공부하는가

골프는 가장 정직한 게임이다.
잭 니클라우스 *Jack Nicklaus*

　골프를 제대로 할 생각이라면 골프 이론의 중요성을 실감해야 한다. 이론을 공부해야 원리를 알 수 있고, 원리를 알아야 목적지로 가는 지름길을 찾을 수 있다. 좀 더 효율적이고 효과적인 연습법도 이론을 알아야 접근할 수 있다. 슬럼프에 빠지거나 원인을 알 수 없는 부진을 겪더라도 이론과 원리가 뒷받침된다면 조금이라도 덜 고생하고, 조금이라도 짧은 시간에 슬럼프에서 벗어날 수 있다.

　'골프를 하는데 이론이 왜 중요하냐'고 반문하는 사람도 있다. 충분히 반문할 만하다. 골프는 공만 잘 치면 그만이다. 프로골프 테스트에서도 이론시험은 없다. 심지어 이론을 알수록 골프는 더 어려워진다. 그래서 다수의 골퍼는 이론을 외면하고 있다. 프로골퍼도 다르지 않다. 지금껏 이론에 박식한 프로골퍼는 거의 만나본 일이 없는 것 같다.

　무지하고 근시안적인 생각이다. 골프를 좀 더 깊이 있게 이해하고 좀 더 오랫동안 건강하게 즐기기 위해서는 이론 공부가 필수다. 만약 스코어 따위는 상관하지 않고 그저 필드에 나가서 즐기는 것이 목적이라면 이론에 집착하지 않아도 된다. 하지만 스코어에 조금이라도 욕심이 있고, 골프를 좀 더 오랫동안 건강하게 즐기고 싶다면 이론을 반드시 병행해야 한다.

　뇌는 책을 읽는 것만으로도 움직임이 활발해진다. 독서는 두뇌의 전 영역을 고르게 발달시켜주고 신경회로의 연결을 더욱 단단하게 만들어준다. 게임을 할 때는 뇌 일부분만 활성화되지만, 책을 읽을 때는 뇌의 전 영역이 고르게 활성화된다. 워싱턴 대학의 의과대학 연구팀에 따르면 어렵지 않은 책을 읽는 데도 뇌의 17개 영역이 관여한다고 한다.[60]

　글을 읽는 행위는 시각 정보를 담당하는 후두엽을 활성화한다. 브라질 학자들이 글을 읽을 줄 아는 무리와 글을 읽지 못하는 무리를 대상으로 한 뇌 영상 촬영을 통해 글을 읽지 못하는 무리에 비해 글을 읽을 줄 아는 무리는 후두엽의 이 영역이 더 정교하게 활동한다는 사실을 밝혀냈다. 독서는 인쇄된 글자를 눈을 통해 읽어 들이는 시각적인 활동이므로 시각피질이 위치한 후두엽의 활동이 활발해질 수밖에 없다. 후두엽이 발달하면 시각적 자극이 강해져서 상상력과 창의력이 높아지고 의사결정 수준도 높아질 수 있다.[61]

이론 공부를 위해 골프와 관련한 책을 즐겨 읽거나 필요한 영상 자료를 모아서 분석하고 참고할 만한 스윙 사진을 스크랩해서 짬이 날 때마다 보는 것도 좋다. 움직임이 없는 골프 스윙 사진 한 장이라도 뇌는 이전에 학습했던 골프 스윙의 움직임을 기억해낸다. 그림을 보고 생각하는 것만으로도 실제 운동할 때처럼 에너지가 발생하는 것이다. 참고할 만한 골프 스윙 사진을 눈에 잘 띄는 곳에 붙여두면 생각 에너지가 더 활성화된다.

글을 읽을 때도 마찬가지다. 뇌는 우리가 상상하는 것과 현실에서 일어나는 일을 명확하게 구분하지 못한다. 골프 스윙에 관한 글을 읽으면 뇌는 실제 운동을 하는 것으로 착각하기도 한다. 슬픈 영화 장면에 몰입하면 감정이 벅차올라 눈물이 나고, 사랑하는 사람과 손을 잡고 다정하게 산책하는 상상을 하면 자연스럽게 설렘을 느끼면서 입꼬리가 올라가는 것과 같은 원리다. 우리는 책 속의 글을 읽고 있지만, 뇌는 글 속의 내용을 현실로 받아들이고 있다는 것을 입증한다.

나의 벙커샷

"방금 전에 찍은 나의 벙커샷 사진이다"라고 믿어라. 그러면 실제로 나의 벙커샷이 된다. 벙커는 이제 피하고 싶은 장애물이 아니다.

골프에 집중할 수 있는 환경인가

골프는 숙련된 사람이 하면 쉽고, 초보자가 하면 어려운 운동이다.
아놀드 파머 *Arnold Palmer*

골프에 집중하지 않고 골프를 잘 할 수는 없다. 조금이라도 더 집중하는 사람이 잘한다. 집중력 싸움이다. 공부와 똑같다. 평상시 연습은 물론이고 실전에서도 집중을 잘하는 사람이 이긴다. 골프를 잘하는 사람치고 집중력이 떨어지는 사람 없고, 공부 잘하는 사람 중에 집중을 못 하는 사람 없다.

집중이 잘 되기만을 바라지는 마라. 어느 날 갑자기 없던 집중력이 생기지는 않는다. 골프를 잘하고 싶다면 먼저 골프에 집중할 수 있는 환경을 만들어라.

뇌는 완벽한 것 같아도 허점투성이다. 두 가지 이상을 완벽하게 소화해내지 못한다. 둘 중 하나는 건성으로 하거나 둘 다 건성으로 처리한다. 골프 말고도 주변에 신경 쓸 일이 많다면 골프에 투입되어야 할 에너지가 엉뚱한 곳으로 빠져나간다. 그러면 연습 시간은 길어지고 효율성은 떨어진다. 매일 열 시간씩 운동해도 운동 효율이 오르지 않는 이유가 그것이다. 수면은 양보다 질이 중요한 것처럼 운동도 최대한 집중해서 가능하면 짧은 시간에 끝마치는 것이 가장 영리하고 효율적인 방법이다.

음악을 들으며 퍼팅 연습을 하고, 샷 연습 몇 번 하다 스마트폰을 살펴보거나 주변 사람들과 웃으며 담소를 나누면 연습 시간은 그만큼 늘어난다. 웨이트트레이닝이나 필라테스를 할 때 인증사진을 찍어 누리소통망SNS에 올리는 것도 상당한 정성이 들어간다. 매일 '좋아요'와 댓글을 읽어보면서 팔로워 수를 확인하면 훈련의 질은 떨어질 수밖에 없다.

골프에 집중할 수 있는 환경을 만들려면 주변 정리부터 해야 한다. 해서는 안 되는 것이나 운동에 방해가 될 만한 물건들은 눈에 띄지 않는 곳, 또는 먼 곳에 두는 것이 좋다. 반대로 그립, 퍼터, 퍼팅 연습기, 스윙연습기와 같이 자주 사용하는 연습도구는 눈에 잘 띄는 곳이나 손을 뻗으면 닿을 만한 곳에 두어야 한다.

우리나라 골프선수들은 외국 선수들과 비교해서 선수 수명이 짧다. 거기에는 여러 이유가 있겠지만, 어려서부터 지나치게 긴 시간 운동에만 매달린다는 점도 지적하지 않을 수 없다. 집중도 안 되는 훈련을 억지로 이어가는 것은 자신을 학대하는 행위와 다를 게 없다. 처음엔 골프에 대한 열정과 열망을 가지고 인내하지만, 나중엔 골프라는 운동에 신물을 느끼게 된다.

열망은 무한히 제공되는 에너지가 아니다. 인간의 열망에도 한계가 있어서 평생에 쏟을 열망을 어린 나이에 한꺼번에 짜내듯이 쏟아내면 한참 전성기를 누려야 할 나이에 더는 열망을 만들어내지 못한다. 국내 여자 골프선수들이 서른만 넘으면 은퇴를 고민하는 이유가 이 때문이다. 어릴 적부터 꿈이었던 골프선수를 스스로 그만둔다는 건 너무나도 슬프지만, 열망 에너지가 고갈되어 더는 선수 생활을 이어갈 수 없는 지경에 이른 것이다.

반면에 단시간 집중해서 운동하는 습관을 들이면 불필요한 체력을 낭비하지 않아도 된다. 매일 운동을 마치고도 여운이 남아서 "내일 빨리 골프장에 가서 공을 치고 싶다"라는 생각이 든다. 운동은 시간보다 집중이다. 먼저 주변을 살펴보라. 골프에 집중하기 좋은 환경인가.

가을이 오면

충북 충주시 센테리움 골프장의 가을은 환상적이다. 녹색 잔디를 에워싼 나무숲은 울긋불긋한 옷으로 갈아입고, 짙고 높은 하늘엔 흰 구름이 바람에 몸을 맡긴 채 의미를 알 수 없는 몽환적 그림을 남기고 갔다. 이 풍경을 보려면 또다시 일 년을 기다려야 한다.

착시 대처 방법은 있는가

좋은 골퍼는 볼을 치는 동안 좋은 일만 생각하고, 서툰 골퍼는 나쁜 일만 생각한다.
진 사라젠 *Gene Sarazen*

사람은 하루에도 수없이 많은 착각을 한다. 골프 라운드 중에도 마찬가지다. 필드에서 거리계산이나 퍼트 라인을 잘못 읽는 것은 시각적 착각 때문이다. 세상은 3차원인데, 정보를 받아들이는 눈의 망막은 2차원이어서 3차원 정보도 2차원 정보로 변형되어 들어오기 때문이다. 결국, 뇌는 3차원의 세계도 사진과 같은 얇은 그림으로 감지[62]하므로 수없이 많은 착시를 일으킨다.

달이 지평선 근처에 걸려 있을 때는 평소에 하늘 높이 떠 있을 때보다 훨씬 크게 느껴지는 경험을 한 적이 있을 것이다. 사실 달은 어디에 있든 망막에 맺히는 크기가 똑같다. 이런 현상에 대한 설명은 여러 가지가 나와 있지만, 결국에는 우리가 기존의 지식을 바탕으로 추정을 내리기 때문에 생기는 현상임을 공통으로 지적하고 있다. 달이 지평선 가까운 곳에 걸려 있으면 우리와 더 가까워진다고 믿기 때문에 더 크게 보인다는 것이다. 특히 가까이 있는 나무나 건물과 겹쳐 있으면 더 커 보인다.[63] 제주도에서 한라산 브레이크가 나타나는 이유도 높은 산이 있는 쪽 지대가 높을 것이라는 잘못된 믿음으로 인해 발생하는 착각이다.

착시가 일어난다고 해서 자신의 눈을 의심하지는 마라. 착시는 지극히 정상적인 현상이다. 라운드 중에 발생하는 착시도 지극히 당연한 현상이다. 세계적으로 명성을 날리는 프로골퍼라도 착시를 막을 수는 없다. 하지만 유능한 프로골퍼라면 시시때때로 나타나 현혹하는 착시현상을 적절하게 조절하거나 대응할 수 있어야 한다. 착시로 인한 실수는 온전히 플레이어 본인의 책임이다. 어떤 변명으로도 받아들여지지 않는다.

착시에 대한 대응은 여러 가지가 알려져 있다. 공에 퍼트 라인을 그리고, 어드레스 전에 앞뒤는 물론이고 측면에서도 라인을 살피는 세심함이 필요하다. 퍼트 라인을 앞에서만 바라봤을 때는 정확하다고 확신했으나 깃대 뒤나 측면에서 바라보면 전혀 엉뚱하게 설정된 경우가 종종 발생하기 때문이다. 퍼트 라인을 읽을 때 컵 뒤쪽 배경은 손으로 가리고 컵과 주변 잔디만 읽는 것도 도움이 된다.

무엇보다 착시를 분석하는 치밀함이 필요하다. 운동일지를 쓰거나 복기를 하면서 착시로 인한 실수를 몇 차례 했고, 어느 정도의 오차가 있었는지 파악해야 한다. 라운드마다 착시로 인한 실수를 범하면서 이를 제대로 분석하지 못하면 다음 라운드에서 똑같은 착시에 똑같이 당한다.

인증샷을 부탁해

잔잔한 연못 앞에 유럽풍의 궁전 같은 클럽하우스가 있다. 고즈넉하고 안락하고 편안하다. 연못에 비친 클럽하우스와 푸른 하늘도 매력적이다. 센테리움 골프장에 인증샷 명소가 있다면 아마 여기가 아닐까 싶다.

목표를 높게 잡았는가

미스 샷의 변명은 당신의 동료를 괴롭힐 뿐만 아니라 본인까지도 불행하게 만든다.
벤 호건 *Ben Hogan*

목표를 높게 잡는 건 좋은 습관이다. 성공한 사람들치고 꿈이 크지 않은 사람은 없다. 큰 꿈을 실현하지 못하고 좌절하더라도 그 지점에서 세상을 내려다보면 굽이치는 강물과 넓은 들판이 한눈에 들어온다. 산을 오르기 전에는 상상하지 못했던 풍경들이 눈 호강을 시켜준다. 꿈을 이루지 못했다고 해서 절대로 패배자가 아니다.

프로골퍼를 목표로 운동하면 얻는 것이 많다. 프로테스트에서 미끄러지더라도 실력파 아마추어 골퍼로서 인정받는다. 프로테스트에 도전할 정도의 실력이면 같은 아마추어라도 상당한 수준이기 때문이다.

만약 프로테스트에 합격한다면 인생이 달라진다. 정회원은 투어에 출전해 부와 명예를 쌓을 수 있다. 늦은 나이에 프로골퍼가 되더라도 상당한 경쟁력이 있다.

프로골퍼가 가장 많이 하는 활동은 레슨이다. KPGA나 KLPGA 프로골퍼는 더 높은 가치가 매겨진다. 가장 공신력 있는 단체이므로 눈에는 보이지 않는 프리미엄이 있다. 기업과 골프 브랜드들로부터 후원 제안을 받거나 골프장 그린피의 일부를 할인받기도 한다.

인적 네트워크를 넓히는 데도 유리하다. 투어를 뛰지 않더라도 유명 프로골퍼들과 라운드할 기회가 생기고, 대기업이나 저명인사들의 초청을 받아 라운드할 때도 많다. 사실상 개인사업자나 마찬가지여서 프로골퍼 명함만으로도 여러 비즈니스가 가능하다. 정년도 없다. 활동 기간과 범위는 오로지 자신의 능력에 달려 있다.

프로골퍼가 될 생각으로 운동을 하면 실력도 빠르게 향상된다. 반면에 주말 골퍼에 만족해서 연습을 건성으로 한 사람은 평생 제자리걸음을 면하기가 어렵다. 십 년 전 백돌이였던 사람이 지금도 백돌이다. 목표가 있는 사람과 없는 사람의 차이는 시간이 지날수록 더 분명하게 나타난다.

골프를 처음 시작하면 누구나 빠르게 성장한다. 성장 속도를 그래프로 그려보면 웨지로 퍼 올린 공처럼 가파른 상승 곡선이 만들어진다. 필드에 나갈 때마다 새 기록을 만들고 돌아온다. 처음 하는 운동이 재미도 있어서 한동안 골프에 흠뻑 빠져 지내는 사람이 많다. 골프에 재미를 붙인 만큼 연습량도 늘어난다. 성장 속도에 가속이 붙는다. 이때까지는 골프가 참 쉽게 느껴진다.

그러나 골프가 마냥 즐겁지는 않다. 일정 수준에 이르면 실력 향상이 둔해져서 골프가 어렵게 느껴진다. 그 벽을 뛰어넘기 위해서는 남다른 열정과 노력이 필요하다. 꼼꼼하게 계획을 세워서 운동하고 라운드 후에는 문제점을 하나씩 고쳐나가야 한다. 그렇게 해야 완만해진 성장 곡선을 다시 위로 향하게 할 수 있다.

무작정 공만 많이 친다고 해서 실력이 좋아지는 건 아니다. 공을 깨버릴 듯이 힘으로 밀어붙여서 운동하면 몸이 먼저 망가진다. 골프를 오랫동안 건강하게 즐기려면 골프의 기본을 제대로 익히고 이론 공부와 병행하는 것이 좋다.

무엇보다 확실한 목표의식을 가지고 전략적으로 치밀하게 도전해야 한다. 어떤 순간이라도 목표의식을 잃어선 안 된다. 목표의식을 잃는 순간 열망도 사라진다. 힘든 훈련을 참고 견뎌야 할 이유도 사라진다.

만약 타이거 우즈의 유일한 목표가 각 메이저 대회에서 한 번씩 우승하는 것이었다면, 그 목표를 이루고 "이것으로 충분해"라고 생각했다면 그는 어떻게 됐을까? 만약 타이거 우즈가 "나는 내가 할 수 있다는 것을 증명했고, 큰 성공을 거두었으며, 많은 트로피와 많은 돈을 벌었어. 이 정도면 충분해"라고 생각했다면[64] 지금의 타이거 우즈는 물론이고 세계 골프 역사도 바뀌었을지 모른다.

    이븐파를 치면 프로테스트에 합격할 수 있다고 해서 이븐파 달성만을 목표하지 마라. 목표를 낮게 잡으면 뇌는 '이젠 됐어'라는 안도감 섞인 신호를 보낸다. 뇌가 보낸 신호에 그대로 화답하면 나태함의 늪에 빠진다. 5언더파를 넘어 10언더파까지 목표를 높게 잡아라. 그렇게 해야 뇌는 목표를 달성하기 위해 긴장을 늦추지 않는다.

화려한 탈출

2018년 하이원리조트 여자오픈에 출전한 이정민. 욕심이 과했던 걸까. 파5홀에서 투온을 노리다 해저드에 빠져 위기를 맞았으나 보란 듯이 화려한 탈출을 시도하고 있다.

술을 멀리했는가

골프 매너나 에티켓이 나쁜 사람은 생활이나 사업에서도 믿을 수 없다.
이건희 Lee Kun-hee

음주가 습관이 되면 얻는 것보다 잃는 것이 훨씬 많다. 특히나 프로테스트를 준비하는 프로골퍼 지망생에게 술은 이로울 것이 없다. 가끔이라도 운동 후 오후에 술을 마시는 건 제 살 깎아 먹기다. 지금껏 고생하면서 만들어놓은 생체 리듬을 단번에 망가트리는 짓이다.

숙면을 위해 술을 마신다는 사람도 있다. 알코올이 뇌의 속도를 늦추는 진정제이긴 하지만, 수면의 질을 높이는 데는 효과적이지 않다. 빨리 잠들고 깊이 잘 수 있는 것은 사실이다. 하지만 혹독한 대가를 치러야 한다. 잠의 후반부가 방해되어 렘수면이 부족[65]해지는 현상이 나타난다. 갈증이나 요의를 느껴 한밤중에 깨기도 한다. 수면 리듬이 무너져 전체적으로 수면의 질도 떨어[66]진다.

외상 후 스트레스 장애나 트라우마가 있는 사람에게도 좋지 않다. 과거 두려웠던 기억이 되살아나거나 우울한 기분을 느끼기도 한다. 술을 많이 마실수록 이러한 증상이 심해지는데, 알코올 중독자가 쉽게 불안해하는 이유도 이 때문이다.

무엇보다 골프 실력을 키우는 데 일절 도움이 되지 않는다. 술이 소뇌 활성화를 방해하기 때문이다. 소뇌 활동이 활발한 사람일수록 손발의 협응력이 좋고, 정밀한 동작을 잘 습득한다. 골프, 테니스, 탁구 같은 운동을 잘하는 사람이 여기에 속한다.

소뇌는 균형, 자세, 근육, 보행의 협응이나 생각의 조절에 관여한다. 새로운 정보와 상황을 통합·대처하는 속도 조절[67] 역할도 한다. 술을 계속 마시면 이런 역할을 제대로 수행하지 못한다. 술은 소뇌의 기능을 떨어트리는 주범이다. 소뇌의 기능을 향상하려면 제일 먼저 술을 줄여야 한다.[68]

건강에도 좋을 것이 없다. 술을 마시면 혈액순환이 활발해지고 기분이 좋아지지만, 지속적인 효과는 보지 못한다. 술을 마셨을 때만 일시적으로 나타나는 현상일 뿐이다. 음주량을 늘리거나 계속해서 음주에 의존하면 심장과 간에 무리를 주고 혈압이 올라가는 원인이 되기도 한다. 쉽게 얻는 쾌락은 그만큼 혹독한 대가가 따른다. 쾌락을 얻고 싶다면 반드시 고통이라는 과정을 거쳐야 한다.

무엇을 봤길래

최운정과 아버지 최지연 씨가 무엇인가를 보고 고민에 빠졌다. 생각보다 좋지 않은 곳에 공이 놓여 있는 것일까. 위기를 기회로 만들 지혜와 용기와 저력이 필요한 때다.

2019년 11월
충북 충주의
센테리움 골프장에서.

Chapter 3
아마추어 상위 레벨에게

음악을 들으면서 운동하는가

비거리는 클럽의 로프트 각과 헤드 무게가 만든다.
임진한 Lim, Jin-han

음악을 들으면서 운동하는 사람을 자주 본다. 스포츠클럽처럼 빠른 비트의 음악이 흘러나오는 공간에서는 선택의 여지가 없지만, 골프 같은 고도의 집중력이 필요한 운동을 하는 사람 중에도 음악을 즐기는 사람이 많다. 그린에서 퍼팅 연습할 때는 물론이고 드라이버샷처럼 큰 스윙을 할 때도 음악을 듣는다. 요즘은 블루투스를 활용해 음악을 더 쉽게 접할 수 있게 됐다.

음악은 집중력을 높이는 데 효과가 있는 것으로 알려졌다. 이와 관련한 연구자료도 많다. 제니퍼 헤이스 교수는 운동할 때 음악을 들으면 운동의 효율을 높일 수 있을 뿐 아니라 운동하는 과정도 즐거워진다고 주장한다.

음악을 들으면서 운동하면 운동 강도와 지속 시간에 상

관없이 기분을 끌어올리는 잠재력이 있다. 이 잠재력을 음악으로 조금만 자극해주면 된다. 엔도르핀과 도파민은 즐거운 일을 기대할 때마다 분비된다. 심지어 도파민은 음악만 들어도 분비된다. 좋아하는 음악을 틀고 거기에 맞추어 움직이는 것만으로 충분하다.[69]

즉, 운동할 때 음악을 들으면 마음이 차분해지고, 긴장감이 풀어지며, 원치 않는 소음을 듣기 좋은 음악으로 차단해 오직 운동에만 몰입할 수 있다는 것이다.

이렇듯 운동에 긍정적인 영향을 주는 음악이라면 모든 운동선수에게 음악을 들으면서 연습하라고 권할 만하다. 그러나 다른 운동과 달리 일류 골프선수들의 운동방식을 들여다보면 음악을 들으면서 운동하는 경우는 좀처럼 찾아보기가 어렵다. 음악은커녕 비밀 훈련이라도 하듯이 타인으로부터 방해를 받지 않는 조용한 공간에서 혼자만의 연습을 즐기는 사람이 많다. 왜 그럴까. 다른 사람도 아니고 일류 선수들이 음악의 효과를 모를 리 없지 않은가. 결론을 미리 말하면 음악이 골프라는 훈련의 질을 높이는 데 그다지 효과가 없기 때문이다.

『내 안의 창조성을 깨우는 몰입』의 저자 윤홍식 홍익당 대표는 몰입을 4단계로 묘사하고 있다. 1단계 '짧은 집중', 2단계 '긴 집중', 3단계 '끊어짐 없이 집중', 4단계 '대상과 하나 됨'이다. 좀처럼 연습에 집중하지 못해서 스윙 연습 몇 번 할 때마다 전화기를 들여다보거나 퍼팅 한 번 할 때마다 주변을 두리번거리는 사람은 고민할 것도 없이 1단계에 속한다. 반면에 4단계에 들어가면 신바람이 나서 운동이 즐거워지고 주변 사물과 소리가 사라지는 현상이 나타나기도 한다. 시간이 늘어나는 느낌을 받았다는 사람도 있고, 반대로 시간이 순식간에 지나가 버렸다는 사람도 있다. 경기 중 존에 드는 현상도 몰입 4단계에 속한다.

몰입 4단계에 진입하면 짧은 시간에 연습효과를 극대화할 수 있고, 잘못된 습관과 루틴도 바로잡을 수 있다. 음악을 들으면서 운동하면 몰입 2~3단계에서 외부 환경에 방해받지 않고 운동할 수 있으나 4단계 진입은 뇌과학적으로 불가능에 가깝다.

우리 뇌는 두 가지 일에 몰입하지 못한다. 밥을 먹으면서 TV를 보는 것처럼 건성으로 두 가지 일을 동시에 소화해낼 수는 있으나 질 좋은 몰입으로 인한 최상의 결과는 기대하기 어렵다. 음악을 들으면서 운동하면 운동, 신체 움직임에 집중되어야 할 에너지가 음악을 듣는 쪽으로 분산된다. 운동에 집중되어야 할 에너지가 다른 쪽으로 세어나간다는 뜻이다. 즉, 음악을 들으면서 운동하면 초기 집중력을 높이는 데는 어느 정도 효과가 있을지 몰라도 종합적으로 보면 질 낮은 연습을 이어가는 데에 상당한 에너지를 쏟은 셈이다.

운동 중에 음악을 왜 듣는지 생각하면 해답을 쉽게 찾을 수 있다. 운동에 집중하기 어렵거나, 운동이 지루하거나, 힘들기 때문이다. 그것을 달래려고 음악의 힘을 빌린다. 집중이 잘 되고 운동이 즐겁다면 굳이 음악의 힘을 빌릴 필요가 없다. 아마 음악을 끄고 운동에만 몰입하려고 노력할 것이다. 집중이 안 되는 근본적 이유를 찾고 집중력을 높이는 훈련을 하는 것이 중요하지 집중력을 한순간 끌어올리기 위해 외부에서 다른 방법을 끌어들이는 것은 그다지 좋지 않다는 결론에 이르게 된다.

더구나 골프는 실전에서 음악을 들을 수 없다. 연습은 실전처럼 해야 하는데, 연습 때 음악을 들으면서 운동하면 정작 음악을 들을 수 없는 실전에서는 오히려 루틴이 파괴되는 부작용이 나타난다.

집중력을 높이기 위해 음악을 활용하는 것보다 스스로 집중력을 높이려는 노력이 필요하다. 싫어하는 일 안에서 나에게 필요한 것들을 끄집어내고 지속적으로 해나갈 수 있는 능력이 진정한 집중력[70]이라는 걸 명심했으면 한다.

그래도 운동 중에 음악을 포기할 수 없다면 처음에 몇 곡만 들으면서 운동을 시작했다가 음악이 끝나면 운동에만 집중할 수 있도록 훈련해야 한다. 비트가 있거나 시끄러운 음악, 가사가 강렬한 음악은 뇌를 자극해서 해당 비트나 가사만 머릿속에 맴돌 수 있다. 몰입에 방해가 된다. 가능하면 조용한 음악으로 기분을 달래고 마음을 가라앉히면서 처음에 몇 곡만 듣고 운동에 몰입하는 연습을 해보자.

긍정의 힘

2018년 봄에 만난 이정은. 늘 그랬듯이 카메라를 향해 환한 미소를 던진다. 같은 이름을 가진 선수가 많아 이름 뒤에 '6'이라는 숫자가 붙었지만, 오히려 그것을 전략적 상품으로 만들었다. 긍정의 힘이 아닐까.

근력 운동을 망설이는가

장타의 유혹을 이기면 명인이 된다.
보비 로크 *Bobby Locke*

골퍼에게 상체 근력은 약일까. 독일까. 트레이닝 전문가와 학계, 프로골퍼마다 생각이 다르다. 반드시 독이 되고 약이 된다고 단정하기는 매우 어렵다. 어떤 사람은 큰 도움이 된다고 하고, 어떤 사람은 오히려 독이 된다고 주장한다. 체형에 따라, 체질에 따라, 스윙 경향에 따라서도 근육과 근력을 요구하는 정도가 다를 수 있다.

투어에서 여러 차례 우승한 선수들도 각기 다른 주장을 한다. 요즘은 과거와 달리 근력 트레이닝의 필요성이 더 강조되고 있지만, 아직도 상체 근력 트레이닝에 대해서는 부정적인 견해를 가진 선수가 적지 않다.

내 의견을 먼저 밝히자면 몸이 커지는 트레이닝은 지양하는 쪽이다. 몸이 커지는 만큼 움직임이 둔해진다. 특히 가

숨이 부풀어 오르면 스윙이 부자연스럽다. 감도 달라져서 좋은 스윙이 나오기 어렵다. 2006년 신한동해오픈에서 우승하고, 그해 겨울에 몸을 실컷 키웠는데, 이듬해 감이 떨어져서 고생한 경험도 있다. 그래서 과한 근력 운동은 안 하는 것만 못하다는 견해를 갖게 되었다.

투어 경력이 쌓일수록 근력 운동에 대한 내 생각은 굳어졌다. 주변에도 근력 운동을 일절 하지 않고도 꾸준히 좋은 성적을 내는 선수가 여럿 있었다. KPGA 코리안투어 통산 4승을 올린 이승호는 한때 국내 최정상급 선수로 활약했지만, 근력 운동은 거의 하지 않았다. 주니어 시절은 물론이고 프로 무대에 데뷔해서 수차례 우승컵을 들어 올리면서도 근력 운동의 필요성을 느끼지 못했다고 한다. 그는 가장 잘 나가던 때 "세상에서 가장 쉬운 게 골프"라고 말하기도 했다. 자신이 마음만 먹으면 언제든 우승할 수 있다는 오만함 비슷한 자신감이 있었다. 골프에 대한 자신감이 하늘을 찌를 듯했던 그가 굳이 근력 운동을 해야 할 이유는 없어 보였다.

그랬던 이승호가 처음으로 웨이트트레이닝을 시작한 것은 군대를 제대하고 투어에 복귀한 2017년부터다. 그가 웨이트트레이닝의 필요성을 느낀 이유는 비거리와 체력저하 때문이었다. 그러나 그의 기대와 달리 몸은 쉽게 좋아지지 않았고 경기력도 회복되지 않았다. 투어프로로서 낙제점의 기초체력을 가지고 있어서 강도 높은 훈련 자체를 소화할 수 없는 상황이었다. 체력이 견뎌주지 못했다.

이승호의 부진 원인은 이것이라고 콕 짚어서 말할 수 없을 만큼 총체적 난국이었다. 많은 원인 중에서 한 가지만 지적하자면 체력관리 소홀이 상당한 비중을 차지했었다. 어릴 적에는 기본적인 체력과 타고난 감각으로 늘 상위권을 유지할 수 있었으나 나이 들수록 체력이 떨어지면서 비거리는 급격히 줄고 스윙 감각도 예전만 못했다. 기초체력이 너무 떨어져서 늦은 나이에 체력을 끌어올리는 데도 한계가 있어 보였다.

혼란스러웠다. 지금껏 골프선수의 근력 운동을 탐탁히 여기지 않았던 나였지만, 이승호의 부진을 보면서 생각을 바꾸지 않을 수 없었다. 이승호의 부진 원인은 분명 체력 관리 소홀이었다. 만약 이승호가 어릴 적부터 근력 운동을 꾸준하게 병행했다면 골프 스윙에 꼭 필요한 근력을 유지하면서 전성기를 좀 더 오래 가져가지 않았을까 하는 아쉬움이 있다.

결론적으로 적당하고 적절한 근력 운동은 꼭 필요하다. 운동을 오랫동안 건강하게 즐기고 싶다면 더 필요하다. 지금 당장은 필요성을 느끼지 못할 수도 있으나 근력이 쇠퇴하면 골프 스윙이 무너지는 건 순식간이다. 아무리 스윙이 좋아도 근력이 지탱해주지 않으면 소용없다. 너무 늦지 않게 시작해야 한다.

근력 운동은 단순히 근력 발달과 체력 증진에 그치지 않는다. 육체적인 면뿐만 아니라 정신적인 면에서도 크게 도움을 준다. 자신감·자존감을 높이고 불안감을 떨치게 하며, 수면의 질을 개선하는 데도 큰 효과가 있다고 주장하는 학자가 많다.

좀 더 깊이 들어가면 근력과 불안·우울증의 상관관계도 살펴볼 수 있다. 근육운동이 입스 극복에도 도움을 준다는 것이다. 트라우마가 근력을 약해지게 만든다는 연구 결과가 있는데, 반대로 풀이하면 근력 운동이 심신을 건강한 상태로 되돌리는 데 도움이 된다고 볼 수 있다. 트라우마나 스트레스가 깊숙이 자리 잡지 못하게 한다는 주장도 있다. 특히 가난한 환경이나 사회적 혜택을 많이 받지 못한 청년들의 정신 건강에도 큰 효과[71]가 있는 것으로 알려졌다.

손에 잡힐지도 몰라

센테리움 골프장 주변에는 크고 작은 산들이 병풍처럼 둘러쳐져 있다. 맑은 날에는 손에 잡힐 듯이 가까워 보여서 산속까지 훤히 들여다보인다.

기본에 충실했는가

많은 비기너들이 스윙의 기본을 이해하기도 전에 스코어를 따지려 든다.
그것은 걷기도 전에 뛰려고 하는 것과 같다
잭 니클라우스 *Jack Nicklaus*

골프는 정확도를 가늠하는 스포츠다. 아무리 장타를 날려도 정확도가 담보되지 않으면 좋은 스코어로 홀아웃할 수 없다. 결국에는 정확도로 승부가 갈린다.

골프만큼 긴 장비로 공을 멀리 날려야 하는 스포츠는 없다. 임팩트 순간 헤드 페이스가 조금만 열리거나 닫혀도 목표한 지점을 훨씬 벗어난다. OB가 나는 경우도 많다. 양궁, 사격만큼이나 고도의 정확도가 요구된다.

따라서 골프 스윙은 정확한 동작을 하나하나 완벽하게 익혀야 한다. 힘과 스피드, 팀워크를 중시하는 스포츠와는 분명히 다르다. 경기 흐름을 타서 빠른 속도로 진행하면서 상대를 압도하는 것보다 조금 늦더라도 정확하게 배워나가야 한다.

그러기 위해서는 작은 문제점이라도 하찮게 여겨서는 안 된다. 예를 들어 교통이 원활하다고 해서 위험요소를 그냥 내버려 뒀다가는 언젠가 대형 사고로 이어질 수 있다. 지금 당장은 정체하더라도 위험요소를 확실하게 제거해야 안전이 보장된다. 위험요소가 사라지면 사고 위험이 줄 뿐 아니라 흐름도 점차 원활해진다.

『탤런트 코드』의 저자 대니얼 코일Daniel coyle은 훈련 속도를 늦추는 것이 오히려 더 높은 수준의 정확도를 얻는 비결이라고 주장한다. 잘못된 동작이나 실수가 있을 때마다 훈련 속도를 늦춰서 무엇이 틀렸는지 정확하게 인지할 수 있도록 해야 한다는 것이다. 그러면 우리 뇌의 미엘린 Myelin(뉴런을 여러 겹으로 둘러싸고 있는 절연체) 층이 훨씬 두꺼워지면서 스스로 더 중요한 것들을 발전시킨다.

이처럼 기본에 충실한 스윙을 하기 위해서는 평상시 연습방법부터 바꿔야 한다. 한 가지 예로 몇 시간 동안 스윙 연습을 한다는 계획보다 골프채당 스윙을 몇 번씩 할 것인가를 계획하는 것이 바람직하다. 시간을 정해놓고 연습하면 스윙을 시간에 맞춰서 연습해야 해서 정확한 기술 습득보다 시간 채우기가 될 가능성이 크다. 반면에 시간에 상관없이 골프채당 스윙을 몇 번씩 할 것인가를 계획하면 시간에 구애받지 않는다. 스윙 한 번 한 번에 몰입해서 연습하기 때문에 훈련 효과는 배가된다.

손흥민의 아버지 손웅정 감독은 손흥민이 어린 시절부터 리프팅 훈련을 매일 하루도 거르지 않았다고 한다. 시간을 정해놓고 하지 않아서 3~4시간 동안 리프팅을 하면서도 중간에 공이 땅에 떨어지면 다시 처음부터 시작했다는 일화는 유명하다. 손흥민이 기본에 충실할 수 있었던 이유다. 만약 손웅정 감독이 시간을 정해놓고 리프팅 훈련을 했다면 지금의 손흥민은 없었을지도 모른다.

손웅정 감독은 손흥민에게 그토록 혹독한 훈련을 시켰음에도 손흥민이 성인이 될 때까지 슈팅 연습은 시키지 않았다고 한다. 기본이 충실하면 성인이 된 후 기술을 습득해도 충분히 따라잡을 수 있다는 확신이 있었기 때문이다. 그의 예상은 적중했다.

골프계에서도 느림의 미학을 덕목으로 삼는 사람이 많다. 골프선수 제자들에게 물속에서 스윙 연습하도록 지도하는 골프 코치도 있다. 물속에서는 스윙 속도가 느려져서 작은 실수나 미묘한 오차라도 어렵지 않게 잡아낼 수 있다는 것이다.

골프 역사상 기술적으로 가장 뛰어난 스윙을 한다고 평가받는 벤 호건Ben hogan도 슬로 모션처럼 스윙 연습을 느리게 했던 선수다. 너무 천천히 연습한 나머지 공을 쳤을 때

2.5㎝밖에 움직이지 않았다고 한다. 그는 말했다. "얼마나 빨리할 수 있느냐가 중요한 것이 아니다. 얼마나 천천히, 정확히 할 수 있는지가 중요하다."[72]

정확성은 초반에 특히 중요하다. 첫 번째 연습이 앞으로 진행 방향을 확립하기 때문이다. 신경학자들은 이를 '언덕의 눈썰매 효과'라고 부른다.[73] 기본기를 잘 익힌다는 것은 눈썰매가 지나갈 자리를 매끄럽게 닦아두는 것과 같다. 눈썰매 지나갈 자리가 완벽하게 만들어지지 않으면 썰매가 중간에 멈춰 서거나 궤도를 이탈하는 사고가 빈번하게 발생한다. 반면에 썰매가 지나갈 자리가 완벽하게 만들어지면 그때부턴 눈썰매가 중간에 멈추거나 궤도를 이탈하는 사고는 발생하지 않는다. 기본기가 확실한 선수는 기술을 늦게 배워도 충분히 따라잡을 수 있다고 자신하는 이유가 그것이다.

또 한 가지 중요한 이유가 있다. 기본기와 어려운 기술을 동시에 익힐 만큼 뇌의 용량이 충분하지 않다는 점이다. 기본기를 완전히 습득하지 않은 상태에서 어려운 기술을 연습하면 기본기가 뇌에서 자리 잡지 못하고 새로 입력된 정보(어려운 기술)에 밀려나게 된다. 뇌의 용량이 기본기와 어려운 기술을 함께 수용할 만큼 충분하지 않기 때문이다. 반면에 기본기를 완벽하게 익혀 장기기억으로 보낸 뒤 기술을 습득하면 뇌의 과부하 없이 좀 더 수월하게 새로운 정보를 받아들일 수 있다.

이러한 원리는 외국어를 배울 때도 똑같이 적용할 수 있다. 대화가 중간에 끊기더라도 계속해서 잘못된 문법과 단어 쓰임새를 지적하고 다시 정확하게 수정해서 말하도록 해야 실력 향상 속도가 오히려 빨라진다. 문법이 잘못됐다는 것을 알고도 지적하지 않으면 나중엔 습관이 되어버려서 고치지도 못한다. 말을 유창하게 해도 문법과 단어 쓰임새가 엉망인 사람들이 잘못된 학습의 부작용이다.

얼마나 높길래

구름도 하늘도 손에 잡힐 듯하다. 몽골 징기스칸 골프장은 해발 1,500미터 고원지대에 있다. 공을 높이 띄우면 구름 속에 파묻힐 것 같다. 그러나 골프장이 아무리 넓고, 높은 곳에 있어도 하늘 아래 코스에 불과하다.

연습장 명당 타석을 찾는가

내 샷을 의심한 적은 있지만, 내 클럽을 의심하지는 않는다.
잭 니클라우스 *Jack Nicklaus*

골프아카데미가 운영되는 연습장이 있다. 주로 연습장 가장 높은 곳에 사무실이 있고, 사무실 앞쪽 타석에는 선수들이 자리를 잡아 놓고 연습한다. 선수마다 선호하는 타석이 있어서 부득이한 날이 아니면 매일 같은 타석에서 연습한다. 맨 오른쪽 거울과 마주한 타석을 고집하는 사람이 있고, 맨 왼쪽 모든 사람의 등이 보이는 타석을 선호하는 사람도 있다. 사람들은 저마다 다른 이유로 자신만의 타석을 고집한다.

같은 타석만을 고집하는 데 특별한 이유가 있는 사람도 있지만, 그렇지 않은 사람도 많다. 이유 없이 같은 타석을 고집하는 것은 익숙한 자리가 마음의 안정을 주기 때문이다. 신경이 예민한 사람일수록 그런 경향이 뚜렷하다. 나름의 신념을 가지고 1층 타석만을 고집하는 사람도 있다. 공이 바닥에 떨어질 때까지 구질과 방향을 관찰할 수 있어서 가능하면 1층 타석에서 연습하는 것이 연습 효율성을 높일 수 있다고 주장한다.

과연 그럴까? 결론부터 말하면 연습장 타석과 연습 효율성은 아무런 상관관계가 없다. 1층에서 연습하든, 가장 높은 층에서 연습하든, 가운데 타석에서 연습하든, 양쪽 끝 타석에서 연습하든 연습 효율성과의 상관관계는 밝혀진 것이 아무것도 없다.

그렇다면 사람들은 왜 자신만의 타석을 고집하는 것일까? 앞서 간략하게 설명했듯이 뇌는 익숙한 것을 좋아하기 때문이다. 낯선 것, 또는 새로운 것을 받아들이는 데에는 상당한 스트레스를 동반할 뿐만 아니라 많은 에너지를 써서 피로감을 느낀다. 그래서 우리는 낯선 것이나 새로운 것보다 익숙한 것을 찾는다. 매일 같은 음식점에서 같은 음식만 먹고, 집에 안 입은 옷이 넘쳐나도 매일 입는 옷만 입으며, 매일 가던 길로만 다니는 심리가 그것이다. 나이가 들수록 점점 보수적이고 방어적으로 바뀌는 이유도 이와 무관하지 않다. 나이가 들수록 체력이 떨어지기 때문에 에너지의 보존은 더 중요하다. 체내 에너지 보존을 위해서는 새롭거나 불확실하거나 낯선 것은 피하고 안전하고 익숙한 기존의 것을 따라야 한다. 젊은이들처럼 "이 길이 아니면 좀 돌아가지 뭐"라면서 낯선 길을 모험적으로 선택했다가는 길을 잃어 그 자리에 주저앉아버릴 수도 있다. 그래서 고령자의 뇌는 이런 불상사를 예방하기 위해 더 보수적이고 방어적인 태세를 취하는 것이다.

그럼 뇌의 신호를 존중해서 매일 익숙한 타석에서 편안하게 연습하면 연습의 효율성도 올라갈까? 그렇지 않다. 익숙한 자리든 익숙하지 않은 자리든 연습 효율성과는 상관이 없으나 늘 같은 자리에서 똑같은 방법으로 연습하는 것은 실전을 위해 그다지 바람직하지 않다. 실전 라운드는 연습장이 아닌 변화무쌍한 골프장에서 이루어지기 때문이다.

뇌 가소성Neuroplasticity이라는 말이 있다. 뇌를 자극해 특정한 방향으로 훈련되면 그것이 바뀌지 않고 그대로 남아 있는 것을 뜻한다. 달리 해석하면 경험과 훈련을 통해서 뇌의 구조를 바꿀 수도 있다는 말[74]이다.

이 같은 원리대로라면 골프 연습을 한자리에서 오래 하는 것은 그다지 좋은 습관이 아니다. 조금 번거롭더라도 다양한 자리에서 타깃을 바꿔가면서 연습해야 연습 효율성도 올라간다.

피아 닐손Pia nielsen은 연습할 때도 목표지점이 계속 바뀌어야 한다고 강조한다. 이는 샷을 할 때마다 우리 뇌에 새로운 정보가 제공됨을 의미한다. 타깃이 바뀜으로써 몸의 정렬을 새롭게 느껴보고, 공이 날아가는 모습도 새로이 그려본다. 모든 준비 과정을 다시 거쳐야 한다. 이렇게 새로운 정보를 처리하는 과정이 곧 골퍼의 할 일이며 집중이다.[75]

필드에는 사각 매트도, 둥근 표적도 없다. 연습장 타석에서 아무리 연습해도 실전과는 다르다. 실전과 같은 감각을 익히지도 못한다. 골프연습장이라는 폐쇄적인 환경에서 연습하더라도 연습방법까지 폐쇄적이어서는 안 된다. 연습장이라는 환경에 익숙해지지 않고 계속해서 새로운 장소, 새로운 자리, 새로운 방법을 찾아라. 일부러 라이가 좋지 않은 곳에서 연습하는 실험정신도 필요하다.

역대급 존재감

한국 여자골프에 이런 존재감은 없었다. 대회에 출전하는 것만으로도 화제가 되었다. 티잉그라운드에 올라가 몸을 풀면 갤러리들의 시선이 집중되었고, 사진기자들의 앵글은 한곳으로 향했다. 역대급 존재감을 뽐내던 유현주. 한때 안신애와 함께 일본에서 미녀 골퍼 선풍을 일으키기도 했다.

캐디에게 얼마나 의존하는가

공이 홀을 지나치지 않으면 공은 절대 들어가지 않는다.
톰 모리스 *Tom Morris*

캐디에게 의존하는 골퍼는 끔찍한 결과와 마주할 수 있다. 캐디에게 오랫동안 많은 것을 의존할수록 뇌의 감각기관은 녹이 슬어 사용할 수 없게 된다. 감각기관에 녹이 슨 골퍼는 경기 중에 제대로 된 플레이를 하지 못한다.

모든 자동차에 내비게이션이 장착된 건 그리 오래지 않다. 2000년대 초반만 해도 이정표와 골프장 안내 지도에 의지해서 골프장을 찾아다니던 사람이 많았다. 그래도 못 찾겠으면 차창을 내리고 길 가던 사람에게 길을 물었다.

"직진하다가 큰 사거리에서 좌회전하면 오른쪽에 주유소가 보일 거예요. 주유소 끼고 우회전한 다음에 길 따라 쭉 가시다 보면 골프장 이정표가 보일 겁니다."

행인이 한 말을 전부 기억하지는 못해도 '좌회전', '우회전', '직진', '골프장 이정표'라는 대략적인 순서는 기억할 수 있었다. 충분하지 않은 정보라도 인체 감각기관의 도움을 조금만 보태면 골프장에 도달할 수 있었다.

그렇게 찾아간 골프장은 기억에 오래 남는다. 뇌의 감각기관을 총동원해서 능동적으로 길을 익혔기 때문에 다시 찾아가면 이정표만 보고도 얼마든지 찾아낼 수 있다.

지금은 어떤가. 내비게이션이 없으면 집에도 못 찾아간다는 사람이 많다. 늘 다니던 길임에도 내비게이션이 없으면 불안하다. 큰길 우선으로 안내하는 내비게이션이 먼 길로 돌아가도록 안내해도 무엇이 잘못되었는지 알아차리지 못한다. 내비게이션에 의지한 채 뇌의 감각기관을 전혀 활용하지 않은 결과다.

여행도 단체로 가서 가이드의 안내를 받으며 따라다니면 기억에서 쉽게 잊힌다. 조금만 시간이 지나도 그곳에 갔다 왔다는 사실조차 기억하지 못하는 사람이 있다. 하지만 혼자서 주도적으로 하는 여행은 기억에 오래 남는다. 어디를 갔고 어디에서 언제 무엇을 먹었는지까지 정확하게 기억한다.

골프도 똑같다. 전동카트에 앉아 캐디에 의존하면서 하는 골프는 영혼이 빠져나간 게임이다. 18홀을 라운드한 뒤에는 단 한 개의 홀도 제대로 복기하지 못한다. 어디에 어떤 지형지물이 있고, 잔디의 결이나 그린의 빠르기 등도 알지 못한다. 몇 번 홀에서는 어떻게 공략해야 좋다는 생각도 당연히 하지 못한다. 골프는 했지만, 코스는 전혀 기억하지 못하는 웃지 못할 상황이 발생하는 것이다.

캐디에 의존하는 것도 습관이다. 습관 중에서도 나쁜 습관이다. 한두 가지씩 캐디에 의존하다 보면 캐디 없이는 불안해서 플레이하기가 어려워진다. 내비게이션 없이 길을 찾는 것이 두렵듯이 말이다.

캐디는 오직 물리적인 거리 정보만 제공하는 사람이라고 생각하라. 어디를 보고 치느냐의 문제는 자신이 선택한 공략에 따라 결정되어야 한다. 어프로치샷의 거리 판단과 그린의 경사 파악도 골퍼 자신의 눈으로 직접 감지해야 한다. 스스로 판단할 때 감각을 보다 효과적으로 적용[76] 할 수 있다.

진정으로 골프 실력을 키우고 싶다면 지금이라도 캐디에 의존하는 습관을 버려야 한다. 물론 국내 골프장 환경에서는 쉽지 않은 일이다. 지형지물을 확인하면서 거리를 계산하는 동안 앞 팀과는 멀어지고 뒤 팀은 바짝 따라와 눈치를 주기 시작한다. 캐디에 이끌려 뛰면서 라운드하지 않는 것만으로도 다행이다. 그래서 우리는 골프장 캐디에게 너무나도 많은 것을 의지한 채 라운드를 끌려다니고 있다. 수동 카드를 끌며 셀프 라운드를 할 수 있는 골프장이 지천에 널린 일본과는 환경적으로 많은 차이가 있다. 만약 캐디 없이 스스로 수동 카트를 끌며 셀프 라운드할 기회가 온다면 자신의 감각기관을 총동원해서 모든 것을 스스로 해결하는 습관과 능력을 키워라. 캐디의 업무를 덜어줄 수 있는 사람이 세상에서 가장 유능한 골퍼다.

바람의 시샘

센테리움 골프장의 수려한 경관에 반한 구름이 가던 길을 멈춰 섰다. 그것을 시샘하던 바람은 구름을 밀어내고 있다. 구름을 밀어내려는 바람과 밀려나지 않으려는 구름이 강하게 대치하고 있다.

메트로놈을 활용하는가

퍼팅은 심장이 하는 것이다.
보비 존스 *Bobby Jones*

골프의 반은 퍼트다. 파4홀에서는 샷 두 번으로 그린에 올리고 퍼트 두 번으로 홀아웃해야 파다. 세 번째 샷으로 그린에 올려도 퍼트를 잘해서 한 번에 넣으면 스코어를 잃지 않는다. 반면에 원온을 하고도 쓰리 퍼트를 하면 스코어를 줄이는 데 실패한다. 어떻게 플레이하든 골프 스코어의 반은 퍼트에 달려 있다. 어떤 클럽보다 많은 연습을 할애해야 하는 이유다. 그러나 대다수 아마추어 골퍼의 연습 패턴을 보면 퍼트 연습량이 현저히 부족하다. 그러니 그린에서 많은 시간을 허비하고도 좋은 스코어를 얻지 못한다. 짧게 쳐야 할 때는 힘이 들어가 길게 치고 길게 쳐야 할 땐 소심하게 짧게 쳐서 컵을 사이에 두고 끝도 없는 왕복운동을 하다 결국 컵에 넣어보지도 못하고 홀아웃하는 사람도 적지 않다.

힘의 강약 조절이 안 되거나 스트로크 속도 조절 실패가 원인이다. 긴 클럽으로 장타를 치는 연습에만 몰두한 결과다. 틀림없는 연습 부족이다. 아마추어 골퍼라고 해서 퍼트의 중요성을 모를 리 없다. 필드에 단 한 번만 나가봐도 퍼트의 중요성과 자신의 문제점을 파악할 수 있다. 그런데도 퍼트 연습에 많은 연습 시간을 할애하지 않는 이유는 무엇인가. 의외이지만, "연습방법을 몰라서"라고 답하는 사람이 많다.

퍼트 거리 조절 실패와 관련한 문제점은 메트로놈을 활용해 연습하면 대부분 고칠 수 있다. 임의로 설정한 메트로놈 속도에 맞춰서 스트로크 연습을 하는 방법이다. 이 같은 훈련을 반복하면 뇌의 정보 정리·처리 과정이 개선되어 다양하고 복잡한 근육운동과 협응력을 키우는 데 도움을 준다.

거리별로 메트로놈 템포를 조절해서 연습하면 퍼트 거리별 스트로크 리듬을 뇌에 각인할 수 있다. 굳이 스트로크 강도를 신경 쓰지 않고 스트로크 리듬만으로도 들쭉날쭉한 퍼트 거리를 개선하는 데 효과가 있다.

유명 프로골퍼 중에서도 메트로놈을 활용해 스트로크 연습을 하는 선수가 많다. 실제로 공을 치지 않아도 되기 때문에 방에서 잠들기 전에 혼자 가볍게 하는 운동으로도 제격이다. 요즘은 메트로놈 앱을 쉽게 내려받을 수 있어서 많은 사람이 메트로놈 앱을 켜놓은 상태에서 퍼트 연습을 하기도 한다.

숨은 뷰포인트

센테리움 골프장에는 숨은 뷰포인트가 많다. 전동카트만 타고 이동하다 보면 멋진 경관을 모조리 놓치고 만다.

충분한 보상은 받았는가

한 번의 굿샷, 한 번의 좋은 라운드는 그리 대단하지 않다. 72홀 동안 꾸준해야 한다.
벤 호건 *Ben Hogan*

목표는 있으나 계획대로 실천이 되지 않는가. 열망이 부족해서다. 열망은 무엇인가를 강렬하게 바라는 마음이다. 열망이 있는 사람과 없는 사람은 삶의 질에서 큰 차이를 보인다. 열망이 없는 사람은 막연하게 꿈만 꾸고 계획과 실천에는 무덤덤하다. 반면에 열망이 있는 사람은 누가 시키지 않아도 계획과 실천을 알아서 한다. 그 일을 못 하게 방해해도 어떻게든 해내고야 만다. 열망은 꿈을 이루는 데 있어서 가장 강력한 에너지다.

열망이 무한하지는 않다. 충전하지 않으면 스마트폰 배터리처럼 방전이 되고 만다. 열망이 방전된 사람은 목표의식이 흐릿하고 무기력하다. 체력은 양질의 수면과 고르고 규칙적인 영양을 섭취하면 충전할 수 있으나, 열망은 그것만으로 충전되지 않는다. 열망의 크기에 걸맞은 보상이 이루어져야 한다.

예를 들면 일일 계획을 성실하게 실천한 뒤 좋아하는 물건을 사거나 평소 하고 싶었던 일을 할 수 있도록 배려하는 것이다. 한 달 계획을 충실하게 실천했다면 더 큰 보상이 뒤따라야 한다. 자신이 아닌 타인에게 받는 보상이 더 효과적이지만, 나에게 포상해줄 사람이 없다면 스스로 포상을 해줘도 좋다.

보상을 받은 뇌는 엔도르핀을 다량으로 분비하면서 열망을 충전한다. 일일 계획과 월 계획을 완벽하게 실천했는데도 아무런 보상이 이루어지지 않으면 열망은 머지않아 바닥을 드러낸다. 처음엔 골프를 하는 것만으로도 설레고 즐거워서 엔도르핀이 충분히 분비되지만, 운동을 거듭하다 보면 운동만으로는 엔도르핀이 충분히 분비되지 않기 때문이다.

반려견 훈련방법을 생각해보라. 처음에는 "앉아", "일어서", "기다려"라는 기본적인 명령을 따르는 데도 시간이 걸리지만, 반복해서 훈련하면 숙달할 수 있다. 단, 지시를 따랐을 때 반려견이 좋아하는 간식으로 보상해줘야 한다. 보상하지 않으면 강아지는 지시를 잘 따르지 않는다.

보상이 반드시 물질적인 것일 필요는 없다. 칭찬과 격려, 기대감을 보이는 것만으로도 충분한 보상이 된다. 한 연구에 따르면, 교사가 특정 학생들에게 높은 기대와 함께 얼마나 똑똑한지를 말해줄 때 학생들은 보통의 다른 학생보다 뛰어난 결과[77]를 보였다. 이것을 피그말리온 효과Pygmalion effect라고 한다.

반대로 재능이 없다는 말만 듣고 자란 아이들은 실제로도 특출한 재능을 발휘하지 못한다. 어릴 적부터 무기력을 학습시킨 결과다. 아기 코끼리를 사슬로 묶어놓고 키우면 완전히 성장한 뒤 사슬을 끊을 힘이 생겨도 사슬을 끊지 않는다. 이것은 학습된 무기력Learned helplessness이다. 칭찬과 관심, 기대감이 열망 에너지를 충전한다. 더 큰 목표를 향해 나아가고 싶다면 그 꿈에 걸맞은 보상으로 열망을 충전하라.

단아한 미소

한국과 일본에서 활동했던 윤채영의 2018년 봄. 단아한 미소와 성실하고 꾸준한 플레이로 한일 양국 골프팬들로부터 많은 사랑을 받았다.

아마추어 상위 레벨에게

신체지도를 알고 있는가

확실한 샷은 이미 끝낸 샷뿐이다.
바이런 넬슨 *Byron Nelson*

모든 사람의 뇌에는 독특한 신체지도Body mapping가 있다. 뇌의 신체지도란 몸의 움직임과 습관, 환경에 따라 뇌가 인지하고 반응하는 지도를 말한다. 인간은 외부 자극과 환경에 의해 오랜 시간에 걸쳐 신체가 변화·진화하는데, 이것이 뇌의 신체지도가 변화하는 과정이다.

예를 들어서 곡물과 채소류 섭취가 많은 동양인은 고기를 많이 먹는 서양인보다 대장 길이가 길다. 곡물과 채소류의 소화를 돕고 영양분을 최대한 흡수하도록 오랜 세월에 걸쳐서 진화한 결과다. 유목 생활을 오래 해온 몽골인들의 시력이 다른 민족보다 훨씬 발달한 것도 이와 같은 사례다.

이렇게 오랜 세월 진화하면서 굳어진 신체지도가 있는 반면에 짧은 기간 행동이나 습관에 의해 변화하는 신체지도도 있다. 숙련된 운전자는 좁을 골목길을 운전할 때 일일이 좌우를 살피지 않아도 타인의 차나 벽에 부딪히지 않는다. 오랜 운전 습관으로 인해 뇌가 자동차까지 몸으로 인식해 신체지도를 넓혔기 때문이다. 이와는 반대로 오랫동안 경차를 몰던 사람이 큰 차를 몰고 좁은 골목길로 들어가면 옆 차나 벽에 긁히지 않을까 조심스럽게 운전하게 된다. 이건 뇌가 이전의 작은 차까지만 신체지도로 인식하고 있는 탓이다. 뇌가 큰 차까지 신체지도를 넓히기 위해서는 어느 정도 시간이 필요하다.

골프채 페이스에 골프공을 튕기는 리프팅 기술이 있다. 장시간 공을 땅에 떨어트리지 않고 자유자재로 여유 있게 리프팅을 즐기는 사람이 있는 반면에 공이 클럽 페이스에 두 번도 닿기 전에 떨어트리는 사람도 많다. 손재주의 차이라기보다 뇌의 신체지도 완성도 차이라고 할 수 있다. 오랜 연습으로 골프채를 자신의 손처럼 다루는 사람은 리프팅을 쉽게 하지만, 골프채를 오래 다루지 않아 어색한 사람은 리프팅을 잘 할 수 없다. 리프팅을 할 수 있는 신체지도가 만들어지지 않은 것이다. 뇌의 신체지도는 오로지 오랜 연습과 습관으로만 바꿀 수 있다.

세계적인 피아니스트나 바이올리니스트들을 보라. 몸과 악기가 하나 되어 경이로운 선율을 만들어낸다. 몸이 악기이고, 악기가 몸이다. 도저히 독립된 개체들로 볼 수 없을 만큼 자연스러운 하나다. 이 역시 뇌가 악기까지 신체지도를 넓힌 결과다.

미국의 과학 전문 저술가인 산드라 블레이크슬리Sandra blakeslee와 매슈 블레이크슬리Matthew blakeslee는 2011년 공동 출간한 저서 『뇌 속의 신체지도』에서 개인주변공간이라는 생소한 용어를 소개했다. 뇌가 인식하는 몸의 영역을 말한다. 뇌의 신체지도를 그리는 토대가 된다.

이것은 아메바처럼 늘어지기도 하고 줄어들기도 한다. 옷을 입거나 벗을 때, 스키나 스쿠버 장비를 착용할 때, 연장이나 도구를 사용할 때 개인주변공간은 바뀐다.[78] 골프채를 신체 일부처럼 사용하는 골프선수는 클럽 헤드 끝까지 개인주변공간이 늘어나 리프팅을 잘하는 것이다. 프로골퍼들이 긴 골프채를 빠른 속도로 휘두르면서도 작은 골프공을 늘 헤드 페이스 정중앙에 일정하게 맞출 수 있는 것도 오랜 훈련으로 인해 골프채 끝까지 개인주변공간이 늘어난 결과다.

뇌의 신체지도는 영구적으로 굳어진 영역이 아니다. 환경이나 습관에 따라 늘어나기도 하고, 줄어들기도 한다. 끊임없이 변화한다. 즉, 만들어가는 것이다. 오로지 꾸준한 반복연습으로만 늘릴 수 있다.

아름다움의 의미

좋은 디자인에는 반드시 의미가 있다. 세계적인 골프 코스일수록 설계자의 뜻과 의도가 반영되어 있다. 그냥 아름다움만을 목적으로 조성한 코스는 높은 점수를 받지 못한다. 골프 코스 설계자의 숨은 의도를 찾아낼 수 있다면 그 역시 훌륭한 골퍼다. 충북 충주시 센테리움 골프장에서.

이미지트레이닝은 어떻게 했는가

성공은 코스와 자기 자신을 얼마나 잘 다루는지에 달려 있다.
잭 니클라우스 *Jack Nicklaus*

골프에 열정적인 사람은 시간과 장소를 가리지 않는다. 방안에서 혼자 있는 시간은 물론이고 사무실에서 잠깐 쉬는 시간이나 길을 걸을 때도 연습한다. 심지어 지하철이나 버스 같은 공공장소에서도 연습을 주저하지 않는다.

연습방법은 저마다 가지각색이다. 맨손으로 스트로크하는 시늉을 하거나 볼펜을 그립 쥐듯이 잡고 스윙 연습하는 사람도 있다. 그냥 명상하듯이 머릿속으로 플레이하는 자신을 상상하는 사람도 있다. 이것을 이미지트레이닝이라고 한다. 동작이나 행동을 머릿속으로 그려보면서 연습하는 방법을 말한다. 골프 훈련에서도 유용하게 활용되고 있다.

머릿속으로 상상만 하는 것이 무슨 연습효과가 있겠냐 싶지만, 뇌과학적으로 보면 매우 효과적인 훈련방법 중 하나다. 이미지트레이닝은 시간과 공간에 구애받지 않는다. 방안이든, 사무실이든, 공원이든, 도서관이든, 카페든, 지하철 안이든, 버스 안이든 상관없다. 직접 공을 치면서 연습하지 않아도 운동피질의 신경세포들이 활성화될 수 있기 때문이다. 소설을 몰입해서 읽으면 소설 속 주인공이 된 것처럼 느끼는 것도 이와 비슷한 원리다. 얼마나 좋은가. 시간과 공간적 제약 없이 돈 한 푼 들이지 않고 생각하는 것만으로도 실제 연습과 비슷한 효과를 누릴 수 있으니 말이다.

이렇게 상상으로 두뇌가 활성화되면 그 상상으로 인해 활성화된 영역에는 시냅스가 형성되어 서로 정보를 주고받는 길이 만들어진다. 그리고 이 상상이 자주 일어나면 시냅스가 강화돼 돌다리가 콘크리트 다리가 되는 것처럼 단단한 길이 형성된다. 영화 〈올드보이〉에서 최민식이 상상 속 적들과 맞서 싸우는 훈련을 통해 실전에서 승리한 것[79]도 영화 속에서나 일어나는 터무니없는 이야기가 아니다.

최근의 연구에 따르면 실제 움직이고 있을 때와 다른 사람이 움직이고 있는 것을 보고 있을 때, 두 상황에서 모두 활성화되는 거울뉴런이 있는 것으로 알려졌다. 운동앞피질에 있는 뉴런은 다른 사람이 달리는 것을 보았을 때도 다리를 움직일 계획을 세운다. 즉, 다른 사람이 무언가 하는 모습을 본다면 보는 사람의 뇌는 마치 동일한 행동을 하는 것처럼 작동[80]하는 것이다. 하지만 거울뉴런의 활성화를 극대화하기 위해서는 해당 동작이 익숙해져 있어야 하며, 해당 동작을 보면서 함께 뛰고 있다는 적극적이고 리얼한 상상력이 작동해야 한다.

올림픽에서 가장 많은 금메달을 획득한 미국의 전 수영선수 마이클 펠프스Michael phelps도 이미지트레이닝에 얽힌 흥미로운 이야기가 있다. 그는 매일 밤 잠들기 전에, 또 아침에 일어나자마자 출발대에서 수영장에 뛰어들어 가 완벽하게 수영하는 모습을 상상했다고 한다. 손동작을 머릿속에 그렸고, 수영장 끝에 손을 대고 턴해서 되돌아오는 모습을 상상했다. 그가 뒤에 남긴 물갈래, 입에 수면이 스칠 때 입술에서 뚝뚝 떨어지는 물방울들, 경기를 끝내고 수영 모자를 벗을 때의 기분도 머릿속에 그려보았다. 침대에 누워 눈을 감은 채 경기 장면을 처음부터 끝까지, 사소한 것도 빠뜨리지 않고 머릿속에서 보고 또 보았다.[81] 평소 지나칠 만큼 생각이 많던 그였지만, 정작 실전에서는 달랐다. 경기에 나서기 전 그는 아무 생각도 하지 않는다고 한다. 실전에선 무의식으로 경기할 뿐이다.

이미지트레이닝은 이처럼 놀라운 잠재력을 가진 훈련방법이지만, 누구에게나 똑같은 효과가 나타나는 것은 아니다. 이미지트레이닝을 어떻게 하냐에 따라서 운동 효과가 크게 달라질 수 있다.

  흔히 머리는 쓰면 쓸수록 좋아진다고 한다. 어떻게 사용하느냐에 따라서 그 성능이 좌우될 수도 있다. 최신 스마트폰을 단순히 통화만 하는 전화기로 사용할 수도 있지만, 최고의 멀티미디어 기기로 활용할 수도 있는 것처럼 뇌도 그렇게 바뀔 수 있다.[82]

  이미지트레이닝을 한두 번 했다고 해서 운동 효과가 바로 나타나지는 않는다. 가능하면 구체적이고 반복적으로 훈련해야 효과가 서서히 나타난다. 꾸준한 운동으로 근력이 붙는 것처럼 꾸준한 이미지트레이닝은 운동피질의 신경세포들을 활발하게 한다.

  생각의 힘은 우리가 알고 있는 것보다 훨씬 대단하다. 2023년 스위스 연구팀은 뇌 임플란트를 사용해 하반신 마비 환자의 손상된 척추와 뇌를 무선으로 연결했다. 자전거 사고로 하반신을 못 쓰던 환자는 12년 만에 서고 걷고 심지어 계단을 오를 수 있게 됐다. 또 척추에 전자 펄스를 보내는 장치를 통해 파킨슨병 환자를 혼자 걷도록 만들었다.[83] 깜짝 놀랄 일이다. 생각 에너지를 행동 에너지로 전환할 수 있음을 보여준다. 생각만으로도 뇌는 실제 움직임과 흡사한 에너지를 만들어낸다는 것을 입증한 셈이다.

하늘이 예쁘면

하늘이 예쁜 날은 사진 찍기 좋은 날이다. 맑고 화창하면 자연광 덕을 충분히 보기 때문에 어디에서 어떤 사진을 찍어도 평소보다 예뻐 보인다. 골프장 사진 찍기에도 좋다. 코스가 덜 예뻐도 60% 이상은 하늘이 커버해준다. 맑은 날은 기분도 좋아진다. 좋은 일이 생길 것만 같다. 충북 충주시 센테리움 골프장에서.

나쁜 습관은 없는가

골프는 나이가 들수록 더 즐거워지는 게임이다.
밥 호스 *Bob Ross*

습관이 인생을 바꾼다. 좋은 습관은 성공으로 가는 지름길을 안내하고, 나쁜 습관은 당신의 인생을 갉아먹는다.

골프도 좋은 습관을 들여야 순항할 수 있다. 골프를 잘하고 싶다면 나쁜 습관을 버리고 좋은 습관부터 들여야 한다.

나는 대회에 출전할 때마다 골프공을 차 안에 100개씩 싣고 다녔다. 언제 어디서든 퍼팅 스트로크 연습을 하기 위해서였다. 특히 숙소에서 잠자리에 들기 전에는 TV도 켜지 않고 퍼팅 스트로크 연습에만 몰두했다. 그것이 나의 습관이었다. 투어에서 첫 우승을 하기 전까지 매일 습관처럼 연습했다.

좋은 습관이 가져다준 보상은 기대 이상이었다. 대회 성적이 좋아지면서 매일 반복해서 하는 똑같은 운동도 즐거웠다. 나에 대한 확고한 믿음과 자신감도 따라왔다. 지금 생각해보면 내 인생에서 가장 즐겁게 운동했고, 가장 자신감 있게 플레이하던 시기였던 것 같다.

누구라도 좋은 습관이 몸에 배면 놀라운 결과가 따라온다. 우리 몸을 즐겁게 해서 엔도르핀을 다량으로 분비시킨다. 엔도르핀은 열정과 투지의 연료가 된다.

좋은 습관이 이롭다는 걸 모르는 사람은 없다. 그런데도 많은 사람이 좋은 습관을 들이지 못하는 이유는 그만큼 어렵기 때문이다. 뇌는 매일 반복하는 운동이 얼마나 힘들고 고생스러운지 잘 알고 있다. 운동이라는 단어만 떠올라도 '나중에', '좀 천천히', '쉬었다가'라는 부정적이고 소극적인 신호를 보낸다. 대부분 사람은 그 강렬한 신호와 타협하고 만다.

그러나 뇌가 보내는 부정적이고 나태한 신호와 타협하지 않고 주도적이고 반복적이면서 적극적으로 운동하면 좋은 습관이 몸에 밴다. 일일이 고민하지 않아도 무의식중에 좋은 습관을 실행하도록 각인된다. 그것을 제때 실행하지 않으면 죄책감마저 든다.

습관이란 뇌가 차례대로 실행하는 동작이다. 습관적인 동작을 할 때는 특별한 노력이 없어도 자동으로 동작이 튀어나온다. 뇌가 어떤 기능을 자동으로 수행하는 수준에 도달하려면 수많은 반복이 필요하다.[84] 자신에게 이로운 동작을 습관으로 만들기 위해서는 수많은 반복, 즉 엄청난 노력이 필요한 것이다. 좋은 습관을 들이는 것은 어렵지만, 일단 습관이 되면 비교적 쉽고 자연스럽게 일상으로 스며든다.

그런데 어떤 행동은 다른 행동에 비해 조금만 반복해도 습관이 된다. 도파민을 더 많이 분비하게 만드는 활동이 그렇다. 안됐지만, 대개는 나쁜 습관이 더 많은 도파민을 분비시키므로 이런 활동은 그리 자주 하지 않아도 쉽게 버릇이 든다.[85] 소파에 눕거나 해야 할 일을 미루거나 짬이 날 때마다 스마트폰을 들여다보고 아무 의미도 목적도 없이 게임을 하거나 시시때때로 담배를 피우는 일이 그렇다.

그렇다면 나쁜 습관을 막고 좋은 습관을 들이기 위해서는 어떻게 해야 할까. 가장 무난한 방법은 열망을 갖는 것이다. 열망은 좋은 습관을 만드는 원동력이다. 열망을 자극하는 방법을 알아내면 좋은 습관을 더 쉽게 형성할 수 있다.[86]

만약 스스로 열망이 부족하다고 생각되면 환경을 바꿔보는 방법을 써라. 한 연구 결과에 따르면 몸 주변에 무엇이 있냐에 따라서 습관이 달라진다. 스마트 기기가 곁에 있으면 스마트 기기를 들여다보는 것이 습관이 되고, 책이 가까이에 있으면 독서가 습관이 된다. 골프도 마찬가지다. 침대나 소파 옆에 퍼팅 스트로크 연습을 할 수 있도록 퍼터와 공을 놓아두고, TV나 스마트 기기 같이 집중에 방해가 되는 물건은 눈에 보이지 않는 곳이나 손이 닿지 않은 곳으로 치워두는 것이다. 처음엔 답답하고 숨이 막힐 것 같아도 습관이 되면 불편을 느끼지 못한다.

주의할 점도 있다. 스트레스다. 좋은 습관을 들이기 위해 시작한 일인데, 이것으로 인해 오히려 불안감과 초조함이 가중되면 역효과가 난다. 작고 귀여운 강아지를 훈련 시킨다고 생각해보라. 강아지가 지시를 따르지 않는다고 해서 계속해서 스트레스를 주면 방바닥에 쉬를 해버릴 수도 있다. 처음부터 모든 습관을 고친다는 생각은 금물이다. 천리 길도 한걸음부터다.

등산이 아니야

중국 남산 골프장은 극단적인 홀이 많다. 급격한 오르막 홀은 험한 산을 오르는 것과 다르지 않다. 산 정상부에 있는 그린을 밟으면 묘한 성취감이 있다. 진정한 도전정신과 인내심이 무엇인지 제대로 알려주는 코스다.

골프선수의 인지 지도를 알고 있는가

아이언샷에서는 언제나 정확성이 힘을 이긴다.
닉 팔도 *Nick Faldo*

인간의 뇌에는 눈에 보이지 않는 복잡한 지도가 있다. 환경이나 경험에 따른 공간정보를 표상하는 인지 지도 Cognitive map다. 환경이나 상황에 따라 몸이 반응하는 신체 지도의 토대가 된다.

골프는 18개 홀을 차례대로 찾아가는 게임이다. 18홀을 그냥 찾아가는 것이 아니라 긴 골프채로 공을 원하는 위치에 정확하게 보내면서 앞으로 나아가야 한다. 그러는 동안 18홀이 머릿속에 지도처럼 펼쳐지기도 한다. 이것이 골프선수의 인지 지도다. 공에서 핀까지의 거리뿐만 아니라 그린 주변에 무엇이 있어서 무엇을 피하고, 무엇은 유용하게 활용하는 영리함이 있어야 남들보다 적은 타수로 홀아웃할 수 있다. 인지 지도가 발달한 사람일수록 더 구체적인 인지

지도가 그려진다. 구체적인 인지 지도를 가진 사람은 그렇지 않은 사람보다 훨씬 유리한 게임을 할 수 있다. 골프에서 인지 지도는 대단히 중요한 요소다.

인지 지도는 길을 찾는 데도 유용하게 활용된다. 인지 지도가 발달한 사람은 낯선 길도 잘 찾지만, 그렇지 않은 사람은 아는 길도 헤맨다. 일명 길치다. 두 사람의 차이는 머릿속 인지 지도의 완성도에 있다. 구체적이고 자세한 인지 지도를 가진 사람은 주변 건물이나 간판, 가로수 같은 지형지물을 인지해서 길을 어렵지 않게 찾아내지만, 구체적인 인지 지도가 없는 사람은 머릿속에 그와 관련한 정보가 거의 없어서 오로지 감각기관에 의지해 길을 찾아야 한다. 그렇게 해도 목적지의 반대 방향으로 가거나 먼 길로 돌아가는 경우가 많다. 아까운 시간과 체력만 낭비한다.

너무 심각하게 고민할 필요는 없다. 인지 지도는 타고나는 것이 아니라 학습으로 길러진다. 인지 지도 형성에 영향을 미치는 요소는 환경과 경험이다. 어떤 환경에서 어떤 경험을 어떻게 하냐에 따라 인지 지도의 완성도가 달라진다.

골프선수의 인지 지도는 뇌의 거의 모든 부분과 연관되어 있다. 걸음 수를 계산해서 샷 거리와 스윙 크기를 결정하고, 아주 사소하고 작은 지형지물까지 기억해서 공략 루트를 설계하며, 그린 150m 앞에서 해저드를 넘겨 핀을 공략

하는 방법을 구체적으로 계획하고 실천에 옮길 수 있는 사람은 높은 인지 지도의 소유자다. 만약 3수 이상을 내다보며 플레이를 할 수 있다면 매우 구체적이고 완성도 높은 인지 지도를 가진 사람이다.

여러 공간정보를 취합해서 만들어진 인지 지도는 골프 트레이닝에도 매우 유용하게 활용할 수 있다. 인간의 뇌는 인지 지도가 형성되면 마치 진짜 공간인 것으로 인식하기 때문에 머릿속에서 인지 지도를 펼쳐보는 것만으로도 실제 훈련과 흡사한 효과를 얻는다. 경험만으로는 부족하다. 경험을 학습으로 전환해야 한다. 복기를 하고 운동일지를 작성하면서 머릿속 시뮬레이터를 가동해야만 인지 지도의 완성도를 높일 수 있다.

주변을 돌아봐

훌륭한 골퍼일수록 라운드 후 코스 정보가 머릿속에 생생하게 남아 있다. 몇 번 홀에선 어떤 산이 보이고, 몇 번 홀에선 어떤 나무가 있으며, 그린을 공략하려면 어떤 지형지물을 활용해야 하는지까지 인지하고 있다. 미국 테라라고 골프장에서.

기계에 의존하고 있는가

좋은 퍼팅은 나쁜 티샷을 구할 수 있지만, 나쁜 퍼팅은 좋은 티샷을 망친다.
보비 로크 *Bobby Locke*

 골프는 자연에 순응하는 스포츠다. 산과 언덕을 넘고, 물웅덩이를 건너고, 큰 나무와 깊은 풀숲을 헤쳐 나와 바람을 느끼고, 지면의 경사와 거리를 계산하면서 18개 홀을 돌아야 한다. 거센 바람과 싸우고 강한 햇볕에 그대로 노출되기도 하고, 폭우 속에서는 비바람을 온몸으로 맞고 질척거리는 잔디를 밟으며 앞으로 나아간다. 대자연 속에서 자연이 주는 모든 것에 순응하되 지혜를 발휘하고 인내해야 한다. 이 모든 과정이 골프다.

 그래서 골프를 잘하려면 자연과 친해져야 한다. 인체의 모든 감각기관을 동원해서 자연이 속삭이는 소리에도 귀를 기울여야 한다. 그러려면 평소 연습에서도 자연과 한 몸이 되어야 한다. 첨단 기기에 의존하지 않아도 스스로 자연의 소리를 들을 수 있도록 단련하는 것이다.

연습 때부터 기계에 의존하면 우리 몸의 감각기관이 지닌 기능들을 모조리 잃어버린다. 예를 들어서 스윙을 할 때마다 기계에 의존해 거리나 언듈레이션을 확인하면 몸 안의 감각 시스템은 사용하지 못하게 된다. 거리감과 경사도를 읽는 감각을 발달시키지 못하면 실전에서는 캐디에게 의지할 수밖에 없다.

뇌는 방치되어 사용하지 않는 기관에 에너지를 투입하지 않는다. 공급할 수 있는 에너지는 한정되어 있기 때문이다. 몸은 언제나 새로운 환경에 적응하고 기존의 방식을 조정한다. 절대로 에너지를 허투루 쓰지 않는다. 근육을 쓰지 않으면 포도당이나 아미노산을 충분히 공급받지 못하게 되어 빠른 속도로 위축이 일어난다.[87] 사용하지 않는 근육은 얇아지면서 힘을 잃는 것처럼 감각기관도 사용하지 않으면 무뎌지고 쇠퇴한다. 더 오랫동안 사용하지 않으면 기능을 완전히 잃어버릴 수도 있다.

집에 열 개의 방이 있다고 치자. 처음에는 모든 방에 불을 켜놓았지만, 아홉 개의 방에는 아무도 없다. 단 하나의 방에만 사람이 있고, 업무를 보고 있다. 집사는 방을 돌아다니면서 사용하지 않는 방에서 불필요하게 소모되는 전력이 없도록 불을 꺼버린다. 오랫동안 사용하지 않는 방은 아예 전력을 차단해버린다. 나중에 전기를 사용하려 해도 불은 들어오지 않는다. 뇌는 당신의 집사이고 전기는 당신의 감각기관이다. 집사는 전기를 아끼기 위해 열심히 업무를 수행하는 것이니 당신이 사용하지 않는 감각기관을 아예 못 쓰게 만들어버려도 나무랄 수 없다.

따라서 연습이라도 기계에 의지하지 않는 습관을 들이는 것이 좋다. 지형지물을 활용하거나 보폭으로 남은 거리를 계산하는 것처럼 원초적인 감각기능을 키워야 우리가 가진 본능과 잠재능력을 잃어버리지 않는다.

기계에 의지할수록 뇌의 가소성은 떨어진다. 결국은 기계의 노예가 된다. 요즘 다수의 운전자가 자동차 내비게이션 없이 아무 데도 가지 못하는 이유가 그것이다. 과거에는 지도를 펴놓고 이정표를 보면서 운전하는 것을 당연하게 여겼다. 초행이라 모르는 길도 한두 번 찾아가다 보면 내비게이션 없이도 쉽게 찾아갈 수 있었다. 어릴 적부터 컴퓨터나 스마트 기기로 문자를 입력하는 데 익숙해진 요즘 아이들이 손글씨를 쓰는 데 필요한 근육과 감각기관을 발달시키지 못하는 것도 같은 이유다.

첨단 기기를 아예 무시해버리라는 말이 아니다. 기계를 완전히 멀리하며 살아갈 수는 없는 일이다. 첨단 장비를 활용하면 스윙 시 눈으로 볼 수 없는 미세한 오차까지도 발견할 수 있다. 내 스윙의 문제점을 발견하고 구질과 헤드스피드, 스핀량과 같은 스윙 시 드러나는 미세 정보는 기계의 힘을 빌리되 우리의 감각기관으로 확인할 수 있는 것들은 스스로 찾아내는 습관을 들여야 한다. 그렇게 해야 점점 무뎌지고 있는 감각기관들을 되살릴 수 있다.

스윙도 많이 보면서 분석하고 연구한 사람이 잘 본다. 매번 다른 사람의 스윙을 건성으로 보면서 다른 사람의 분석에 의존하는 사람은 평생 골프를 해도 골프 스윙을 보는 눈이 발달하지 않는다. 골프는 오래 했으나 좋은 스윙과 좋지 않은 스윙을 구별하지 못하는 아이러니한 일이 벌어지는 것이다.

자연과 친해지는 법

자연과 친해지면 돌아오는 혜택이 많다. 온몸의 감각 기관이 깊은 잠에서 깨어나 기지개를 켠다. 자신도 몰랐던 감각과 재능을 발견하게 된다. 2017년 봄에 만난 박인비를 보면서 문득 든 생각이다. 자연의 소리에 귀를 기울일 줄 아는 몇 안 되는 골퍼라는 것을.

커피를 즐기는가

이기는 것이 모든 것을 해결한다.
타이거 우즈 *Tiger Woods*

골프선수에게 컨디션 조절은 매우 중요한 과정이다. 평상시 아무리 열심히 노력했어도 실전 당일 컨디션이 엉망이라면 제 실력을 발휘하지 못한다.

실전 몸 상태는 단기간에 만들어지는 것이 아니다. 실전에서 최고의 몸 상태를 만들기 위해서는 평상시부터 몸 관리를 철저히 해야 한다. 평상시 꾸준히 관리해온 몸 상태가 실전에서 좋은 컨디션으로 나타난다.

컨디션 조절을 잘하고 싶다면 평소 잘못된 습관부터 고쳐야 한다. 그중 하나가 카페인 음료를 마시는 습관이다. 커피가 대표적이다. 커피의 주성분인 카페인은 단시간에 집중력을 높여주고 활력을 주어 많은 사람이 애용한다. 운동 전에 커피를 마시면 운동 효과를 끌어올릴 수 있다고 주장하는 사람도 많다.

그런데 프로골퍼 중에는 커피를 마시지 않는 사람이 더 많다. 집중력을 높이고 활력을 주는 효과가 있다면 운동선수들이 커피를 마다할 이유가 없는데도 말이다. 이유는 간단하다. 카페인이 컨디션 조절에 그다지 도움이 되지 않기 때문이다.

카페인이 몸에 들어가면 단시간에 집중력이 좋아지고 활력을 얻을 수 있는 것은 사실이다. 문제는 카페인이 에너지의 원천이 아니라는 점이다. 카페인이 우리 몸 여기저기에 흩어져 있는 에너지를 끌어모아 단시간에 쓰도록 도울 뿐이다. 즉, 장시간에 걸쳐 나눠 써야 할 에너지를 단시간에 써 버림으로써 심장에 무리를 주어 오히려 피로감을 부추기는 결과를 낳을 수 있다.

카페인은 민감한 체질일수록 세심한 주의가 필요하다. 각성 효과가 나타나기 때문에 심장 두근거림으로 초저녁에 숙면하지 못하는 사람도 많다. 이른 새벽부터 골프장에 갈 일이 잦은 골퍼들에게는 매우 곤란한 일이다.

커피의 카페인 성분은 졸음을 유발하는 신경전달물질과 유사한 작용을 한다. 이 신경전달물질이 수용체에 작용하는 것을 차단함으로써 각성 효과를 나타낸다. 그러나 매일 각성 상태를 유지하려면 뇌도 새로운 방어 시스템을 작동시켜야 한다. 졸음을 유도하는 신경전달물질이 카페인에 의해 차단되므로 더 많은 수용체를 생성해 최대한 신경전달물질을 받아들이는 것이다. 그러면 커피를 마셔도 여전히 졸리고 피곤하다. 결국, 뇌가 추가로 만들어낸 수용체까지 막으려면 커피를 한 잔 더 마셔야 하는데, 뇌는 또다시 수용체를 만들어내는 상황이 반복된다. 그렇다고 커피를 단번에 끊어버리면 카페인 결핍 상태가 되어 뇌가 잔뜩 만들어 둔 수용체에 졸음을 유발하는 신경전달물질이 별다른 장애물 없이 그대로 쏟아져 갑자기 엄청난 피로감을[88] 느끼게 된다. 결국, 커피를 단번에 끊으면 금단현상이 올 수 있으니 시간을 두고 조금씩 줄이는 방법이 현명하다.

카페인의 부작용은 그것뿐만이 아니다. 단기 집중력 향상에 도움을 준다는 이유로 카페인을 과다 섭취하면 두통, 불안, 과잉행동장애, 위장장애, 심장 두근거림 같은 부작용을 일으킬 수도 있어 주의해야 한다.

휴식 같은 코스

충주 센테리움 골프장은 휴식 같은 코스다. 코스 레이아웃과 언듈레이션이 주변 경관과 한몸인 것처럼 자연스럽게 어울린다. 어디를 둘러봐도 무리하게 억지로 힘주어 조성한 공간은 없어 보인다. 라운드하다 보면 어느덧 코스와 한 몸이 된 나를 느낀다.

감정 조절은 잘 되었는가

루틴에 대해서 꼭 생각해 봐야 한다면 그것은 루틴이 아니다.
데이비드 러브 3세 *Davis Love III*

감정 조절이 안 되는 사람은 꾸준히 좋은 스코어를 내지 못한다. 감정에 따라 기복이 심하다. 18개의 홀을 돌다 보면 좋은 일만 있을 수는 없기 때문이다. 버디를 기록하는 홀이 있고, 보기나 더블보기를 범하는 홀도 있다. 아무리 세계적인 선수라도 수많은 위기를 극복하면서 이런저런 고비를 넘겨야만 18홀을 무사히 홀아웃할 수 있다. 플레이어의 마음은 18홀 라운드를 마친 뒤 스코어카드에 고스란히 기록된다.

감정 조절은 위기에 몰렸을 때만 하는 것이 아니다. 샷을 할 때마다 매 순간 감정을 추스르고 조절해야 한다. 흥분된 마음을 진정시키거나 들뜬 기분을 가라앉혀야 할 때도 있다. 이런 상황이 경기 중에 끊임없이 반복된다.

예를 들어서 티샷을 잘 쳤다고 해도 유쾌한 기분이 오래 가지는 않는다. 페어웨이에서 두 번째 샷을 실수하는 순간 기분은 금세 가라앉는다. OB가 나거나 연못에 들어가면 지옥 같은 기분을 경험한다. 그러나 벙커에서 친 공이 그대로 컵에 들어가거나 칩인 버디를 기록하면 하늘을 날 듯한 행복감을 느낀다. 일희일비의 연속이다.

플레이 중에는 너무 가라앉는 것도 너무 들떠 있는 것도 좋지 않다. 어떤 상황이라도 마지막까지 평정심을 유지하는 것이 가장 이상적이다. 좋지 않은 샷을 쳤을 땐 나쁜 생각을 머릿속에서 빨리 지워야 한다. 좋지 않은 생각은 뇌에서 빠른 속도로 퍼져나가기 때문이다. 불쾌한 생각이 확산하면 심장박동수가 빨라지면서 경기의 리듬감은 물론이고 정확한 스윙 동작에도 방해가 된다.

심박수가 빨라진다는 건 불안한 일이나 위험한 일이 있을 수 있으니 대비하라는 뇌의 신호다. 지극히 정상적인 현상이다. 문제는 심박수가 빨라지면 초조하고 불안해서 서두르게 된다는 점이다. 그러면 평소보다 한 박자 이상 빠른 리듬으로 서두르다가 실수를 범하기 쉽다.

늦은 밤 귀가 중에 수상한 사람이 따라오고 있다면 뇌는 불길한 생각을 머릿속에서 확산한다. 뒤따라오는 사람이 의심스러우니 경계하라는 신호를 보낸다. 심박수를 빠르게 해서 초조한 마음이 들게 하는 것이다. 그럴수록 침착해야 하는데, 그러기는 매우 어렵다. 현관문에 다다랐음에도 수상한 사람이 여전히 뒤따라오고 있으면 손이 떨려서 도어락 비밀번호를 잘못 누르기도 한다. 불길한 생각이 머릿속에 가득 차 있어서 이성적이고 합리적인 사고도 작동하지 못한다.

체력 소모도 많아진다. 우리 몸은 스트레스를 받으면 투쟁-도피 반응 상태에서 대사 자원을 끌어다 쓰게 된다. 따라서 다른 기능에서 가용할 수 있는 에너지가 적어지고 만다. 그러지 않아도 에너지 생성량이 줄어들어 겨우겨우 버티고 있던 세포들은 이 여파로 와르르 무너지기 시작한다.[89] 같은 18홀을 라운드하더라도 체력 소모가 많을 수밖에 없다. 체력저하는 곧 집중력 저하로 이어진다. 악순환의 연속이다. 감정 조절 실패의 파장이 이렇게나 크고 무섭다.

감정 조절이 마음대로 쉽게 되는 건 아니다. 평상시 멘탈 트레이닝을 하지 않은 사람은 감정을 추스르고 흔들리는 마음을 단단히 잡아줄 멘탈 근력이 형성되어 있지 않다. 따라서 라운드 후 스윙을 점검하는 것만큼 멘탈 점검에도 심혈을 기울여야 한다. 당일 경기 결과만큼이나 중요하다. 오늘 플레이에서 감정을 얼마나 잘 조절했는지 스스로 점수를 매겨보는 것도 좋다. 오늘 당신의 멘탈 점수는 몇 점인가.

쌍지척의 의미

다이아몬드 리조트 토너먼트 오브 챔피언스에 출전한 리디아 고. 멀리서 카메라를 발견한 걸까. 쌍지척으로 포즈를 취해본다. 알고 보니 다른 홀 동료들에게 보내는 응원이었다.

당신의 경험과 연륜을 믿는가

골프에 나이는 없다. 몇 살에 시작하더라도 실력은 는다.
벤 호건 *Ben Hogan*

　시니어 투어 선수들의 쇼트 게임 스킬을 보면 감탄사가 절로 나온다. 그린 주변에서 펼쳐지는 아기자기한 승부는 골프를 보는 또 다른 묘미이자 골프만이 지닌 마성의 매력이다. KPGA 코리안투어에서 한 시대를 풍미한 최상호와 최윤수의 시니어투어 우승 대결은 오랜 시간이 흘렀음에도 깊은 인상으로 뇌리에 각인되어 있다.

　두 선수는 연장에 연장을 거듭하면서도 좀처럼 우승자를 가리지 못했다. 그린에 가까워질수록 대결은 더 뜨겁고 치열했다. 한 치의 오차도 없는 쇼트 게임 대결을 보면서 역시 쇼트 게임은 관록과 노련미라는 확신이 들기도 했다.

　골프는 시드만 있다면 나이 들어서도 젊은 선수와 어깨를 나란히 할 수 있는 몇 안 되는 스포츠 종목 중 하나다. 시드를 잃어도 시드전을 통해서 투어에 복귀할 수 있다. 그것이 가능한 이유는 골프의 반은 쇼트 게임이 차지하기 때문이다. 파5홀에서 파를 하려면 3온 후 2퍼트로 끝내야 하고, 파4홀에서는 2온 2퍼트, 파3홀에서는 1온 2퍼트로 마무리해야 한다. 경기 내용이야 사람마다, 상황에 따라서 얼마든지 달라질 수 있겠지만, 라운드 후 스코어의 절반이 퍼트라는 사실은 변하지 않는다. 늦은 나이에 골프를 시작했거나 젊은 사람들과 경쟁하더라도 지고 싶지 않은 사람들에게는 참으로 희망적인 사실이다. 나이가 들수록, 경험이 쌓일수록 쇼트 게임 실력이 좋아질 수 있다면 말이다.

그러나 뇌과학적으로 보면 나이 들수록 쇼트 게임 실력이 좋아지기는 어렵다. 인간은 나이가 들수록 새로운 신경세포 접촉 지점을 형성할 뇌의 능력이 떨어진다. 나이가 들수록 공부든 운동이든 힘든 이유가 바로 그 때문이다.[90] 실제로 대다수 골프선수는 시드를 잃는 순간 투어에 복귀하지 못하고 역사 속으로 사라진다.

우리 신체 기관은 나이 들수록 쇠퇴한다. 뇌도 마찬가지다. 일반적으로 20대 초반만 넘어가면 뇌의 신경세포가 급격히 감소하기 시작한다. 드라이버샷이든 아이언샷이든 쇼트 게임이든 나이 들수록 운동능력을 관장하는 뇌는 노화한다.

무엇보다 골프는 다른 스포츠와 같이 나이가 많다고 해서 혜택을 주지 않는다. 젊은 사람들과 경쟁해서 이겨야만 상위권에 이름을 올릴 수 있다. 나이가 많을수록 불리한 게임이다.

그렇다면 시니어 투어 선수들의 쇼트 게임이 그처럼 미려하게 느껴졌던 이유는 무엇일까. 비록 체력과 정확성은 떨어지더라도 경험치에서 나오는 판단력은 오히려 젊은 선수들보다 뛰어날 수 있기 때문이다. 베테랑 선수가 젊은 선수와 대결할 때 '관록과 노련미를 앞세운 플레이'라는 말을 자주 쓴다. 언어유희가 아니다. 경험이 많은 선수는 누구라도 그간의 경험으로 문제를 해결한다. 비록 힘과 유연성 같은 기초체력은 현저히 떨어져도 경험치에서 나오는 위기관리능력과 통찰력은 젊은 선수를 앞선다.

문제는 나이 들수록 변화에 취약하다는 점이다. 직장에서도 나이 든 사람들은 새로운 시스템이나 새로운 업무 방식을 몹시 꺼려한다. 불편하더라도 기존 시스템을 고수하려 한다. 이것이 조직에서 소외되거나 세대 간 갈등의 원인이 되기도 한다.

뇌는 에너지를 최소로 사용하고자 하는 경향 때문에 이미 익숙해진 길로만 다니려고 한다. 새로운 변화에 따르려면 이미 익숙해진 환경에서 벗어나 새로운 환경으로 주의를 옮겨가야 한다. 뇌의 앞쪽에 있는 전두엽은 익숙한 것에 머무르려고 하는 충동을 억제하지만, 나이가 들면 전두엽의 기능도 떨어지기 시작한다. 노화는 전두엽으로부터 시작되기 때문이다. 따라서 나이가 들면 변화를 수용하는 능력도 떨어질 수밖에 없다.[91] 아무리 경험이 많은 베테랑이라도 변화무쌍한 코스에서 작아지고 위축되는 건 당연하다. 아쉽지만 아주 성실한 선수가 매일 장시간 퍼트 연습을 해도 퍼트 정확도는 나이 들수록 떨어질 수밖에 없다. 꾸준한 연습과 철저한 자기관리는 그것을 최대한 늦출 뿐이다.

자연이라는 아티스트

자연보다 위대한 아티스트는 없다. 아무리 훌륭한 작품이라도 자연 앞에서는 어리광일 뿐이다. 계절에 맞게 숲을 물들이고 바람으로 구름을 움직여 세상에서 가장 크고 위대한 그림을 그린다. 인간이 잘못된 길로 가면 햇빛과 비바람을 동원해 따끔하게 경고한다. 아름다움은 스스로 지켜야 한다고. 충주 센테리움 골프장에서.

라운드 중 수분 섭취는 충분한가

불안에 대한 최고의 대책은 집중이다.
잭 니클라우스 *Jack Nicklaus*

뇌의 80%는 수분이다. 체내 다른 조직(60%)과 비교하면 수분 비율이 높다. 수분 공급에 민감할 수밖에 없다. 수분 공급에 조금만 문제가 생겨도 경기력에 치명적인 영향을 미칠 수 있다.

일반적으로 탈수의 정의는 수분 결핍으로 전체 체중의 10% 이상이 손실된 상태를 뜻한다. 이 정도 수준의 수분 결핍은 두뇌 지능에 악영향[92]을 가져온다. 그 상태가 계속되면 두뇌 건강에 심각한 손상을 일으킬 수 있다.

그러나 대부분의 아마추어 골퍼는 운동 중에 물이나 음식물을 섭취하는 걸 좋아하지 않는다. 라운드 중에 골프백을 열어 물이나 음식물 따위를 꺼내먹는 것 자체가 성가시다. 여유도 없다. 앞 팀 뒤 팀을 의식하면서 오직 공을 치는 데만 신경이 집중된다.

더 큰 문제는 몸에서 탈수가 일어나도 알지 못한다는 점이다. 배터리를 점검하듯이 체내에 남아 있는 수분이 어느 정도인지, 오늘 소모한 수분량이 어느 정도인지 확인할 방법이 없다. 뇌도 체내 수분 상태를 알려주지 않는다. 수분이 1리터 빠져나갔으니 1리터를 보충해야 한다거나 체내 수분이 충분하니 지금 당장은 수분을 섭취하지 않아도 된다는 신호나 명령도 일절 없다. 물을 마시지 않아도 플레이하는 데는 아무런 지장이 없을 것 같다. 그건 착각이다. 만약 경기 중에 갈증을 느끼기 시작했다면 이미 1~1.5리터의 수분이 부족한 상태다. 경기력 저하가 상당 부분 진행된 상태라고 할 수 있다.

평상시 기량을 실전에서 최대한 발휘하기 위해서는 수분 유지와 공급이 중요하다. 체중 대비 1%의 수분 감소조차 기억력, 기분, 정신, 집중력 등을 방해하면서 인지 능력을 손상시킬 수 있다. 몸무게의 2%에 해당하는 수분이 줄면 뇌가 둔감해진다. 더 느린 반응 시간, 단기 기억력 문제, 정신적 피로, 혼란, 불안을 느낀다. 경미한 탈수라도 운동 능력을 방해해 사고 가능성을 높일 수 있다.[93] 지나치게 긴장한 나머지 물을 마시는 것도 잊고 플레이하는 사람도 있는데, 몸이 경직된 상태에서 수분까지 공급되지 않으면 더 좋지 않은 결과를 낳는다. 긴장될수록 물을 마시면서 여유를 찾아야 한다.

경기 중 탈수증상을 방지하기 위해서는 수분 공급을 수시로 해야 한다. 한꺼번에 많이 마시는 것보다 조금씩 자주 마시는 것이 좋다. 수분 공급 시점은 홀이 바뀔 때마다 티잉 그라운드에서 티샷 전에 마시는 것이 가장 수월하다. 캐디와 캐디백이 근거리에 있고, 새로운 홀의 시작이기 때문에 생각도 복잡하지 않다. 시간에 쫓겨서 티샷해야 할 일도 많지 않다. 수분 공급도 중요한 전략이다.

벙커가 커 보일 땐

벙커가 커 보이는 건 벙커에 대한 두려움 때문이다. 두려움이 클수록 두려움의 대상은 더 크고 무서운 존재로서 당신을 위협한다. 벙커가 아무리 커도 그린이나 페어웨이보다 넓지는 않다. 굳이 벙커를 의식할 필요는 없다. 벙커가 아닌 페어웨이나 그린에만 올리면 된다. 중국 남산 골프장에서.

몰입하는 연습을 하는가

골프에는 지름길이 없다. 인생에도 지름길은 없다.
타이거 우즈 *Tiger Woods*

골프는 집중력에서 성패가 갈린다. 단 한 시간이라도 몰입해서 운동한 사람은 열 시간 건성으로 연습한 사람을 이긴다. 실전에서도 더 좋은 경기력을 발휘한다. 멘탈도 집중력 좋은 사람이 강하다. 골프에 몰입하지 못하는 사람은 좋은 경기력을 발휘하지 못한다. 집중력 결핍은 골프라는 게임에서 치명적이다.

집중력이 좋아 효율적으로 운동하는 선수를 시기하지 마라. 반대로 집중력이 부족하다고 해서 좌절할 일도 아니다. 집중력을 키우기 위해 노력은 해봤는가. 샷 연습에 매몰되어서 정작 중요한 집중력 키우기에는 소홀했던 사람이 많을 것이다.

집중력도 연습하면 발달한다. 아령으로 운동하며 팔 근

력을 키우듯이 집중력에 관여하는 뇌의 특정 부분을 자극하면 해당 영역을 강화하는 데 도움이 된다.[94] 몰입 1단계에서 질 낮은 집중력으로 연습 효율을 떨어뜨리고 있다면 집중력을 키우는 연습부터 해야 한다.

몰입도를 끌어 올리는 첫 번째 방법은 적절한 목표 설정이다. 너무 어렵거나 쉬운 목표는 잡지 않는 것이 좋다. 자신이 가진 실력에 비해 너무 어려운 목표는 스트레스와 불안감을 불러온다. 뇌는 스트레스와 불안이 감지되는 순간부터 '운동을 그만두고 싶다'라는 나약한 신호를 보낸다. 결국은 운동에 쏟아야 할 에너지를 운동을 멀리하며 자기합리화하는 데 써버린다. 이 상태가 계속되면 현실을 회피하거나 외면하게 된다. 이유 없이 매일 피로하거나 몸이 아프다는 이유로 잠만 자는 현상, 연습을 빠지고 무리에서 이탈해버리는 현상 등이 대표적이다.

너무 쉬운 목표도 집중력을 해친다. 굳이 집중하지 않아도 목표를 쉽게 달성할 수 있기 때문이다. 마감 일주일 전에는 펑펑 놀다가 마감 당일에 맞춰서 서둘러 일을 해치우는 사람을 주변에서 많이 봐왔을 것이다. 자신이 가진 능력이라면 짧은 시간이라도 일을 해치울 수 있다는 확신이 있어서다.

그러나 너무 어렵지도 쉽지도 않은 적당한 수준의 목표

는 사냥 본능을 끌어올려서 질 좋은 집중력을 발휘하도록 한다. 몰입하지 않으면 달성할 수 없는 목표이고, 목표를 달성한 뒤에는 성취감이 있어서 몰입의 선순환이 이어진다. 적정한 수준의 일일 목표를 설정해서 날마다 목표를 달성해 나가면 집중하는 습관을 들일 수 있다. 그러면서 몰입하는 방법과 운동의 즐거움을 동시에 느끼게 된다.

두 번째는 적당한 보상이다. 목표했던 과제를 달성했다면 그에 걸맞은 보상이 따라야 한다. 쇼핑하거나 좋아하는 음식을 먹으면서 사기를 충전하면 높은 집중력을 오랫동안 유지할 수 있다. 사랑스러운 반려견에게 간식을 주었을 때 집중력이 올라가서 훈련 효과가 배가되는 것과 똑같다.

세 번째 방법은 시선 컨트롤이다. 집중하지 않을 때의 전형적인 특징은 시선이 고정되지 않는 것이다. 한곳에 시선을 집중하지 않고 이곳저곳 시선을 돌리거나 두리번거리는 사람은 집중력이 높을 수 없다. 말을 바꿔서 설명하면 시선을 고정하는 습관을 들이면 자연스럽게 집중력이 올라간다. 구체적인 연습방법으로는 라운드 중 다른 골퍼가 플레이하는 티잉그라운드나 그린에서 기다리는 시간에 골프공을 10초간 유심히 들여다보는 훈련[95]이 있다. 굳이 한 가지 사물을 지정하지 않더라도 시선을 이리저리 돌리거나 두리번거리는 버릇만 고쳐도 집중력은 올라간다.

네 번째는 일상 속 단순 작업을 훈련으로 삼는 방법이다. 매일 최소한의 시간만 할애해서 정성껏 설거지하는 것만으로도 자연스럽게 집중력이 좋아진다. 꼭 설거지가 아니더라도 좋다. 바느질이나 펜글씨 쓰기처럼 섬세함을 요구하는 작업을 하다 보면 비교적 장시간 몰입을 경험하게 된다.

다섯 번째는 골프공을 테이블 위에 쌓는 연습이다. 둥근 공을 탑처럼 쌓아 올리는 일은 쉽지 않을 것 같지만, 골프공 표면의 딤플끼리 잘 포개면 두세 개 이상 쌓을 수도 있다. 그렇게 쉽지도 어렵지도 않기 때문에 짧은 시간에 높은 집중력을 발휘할 수 있다. 그밖에도 큐브 맞추기, 퍼즐 맞추기 등도 집중력을 키우는 데 도움이 된다.

평상시 몰입과 친근해지는 연습을 하다 보면 몰입의 근력이 단련되어 실전 라운드에서도 질 좋은 몰입을 경험할 수 있게 된다. 질 좋은 몰입은 곧 연습 효율성과 실력 향상으로 나타난다.

배려심

오리 한 마리가 골프장 연못 분수대 위에 둥지를 틀었다. 그곳이 가장 안전하고 안락한 장소라고 판단했을 것이다. 분수대에서 물이 솟구쳐오르기라도 하면 큰일일 텐데. 다행히 그 분수대에선 물이 솟구치지 않았다. 어미 오리의 판단이 옳았던 걸까? 아니면 골프장 시설 관리자의 배려였을까? 그것도 아니면 그냥 고장인 걸까?

라운드 중에 어떤 생각을 하는가

벙커샷에서 중요한 것은 작은 기술을 익히는 것보다 그것을 실행하는 용기다.

진 사라젠 *Gene Sarazen*

골프 스윙은 의식적인 동작일까, 무의식적인 동작일까. 당연히 의식적 동작이다. 머릿속에서 스윙이라는 일련 동작을 생각하지 않고는 이루어질 수 없다.

골프 스윙 동작이 익숙해지면 익숙해질수록 의식적인 영토는 점점 줄어든다. 의식이 내어준 영토에는 무의식이 자리를 잡기 시작한다. 하지만 아무리 오랜 반복 훈련으로 골프 스윙 동작이 완전히 익숙해지더라도 무의식이 의식의 자리를 모조리 빼앗지는 못한다. 골프 스윙 자체는 너무나도 익숙해서 무의식으로 움직일 수 있으나, 골프 경기의 특성상 매번 똑같은 구질로 똑같은 거리를 내서는 안 되기 때문이다. 스윙 때마다 어떤 구질로, 무엇을 타깃으로, 어떤 강도로 쳐야 할지 복잡한 운동 계획을 실행에 옮겨야 한다.

퍼팅 스트로크를 할 때도 마찬가지다. 공을 컵에 정확히 넣기 위해서는 뇌의 무의식적 운동조절영역이 의식 영역으로 전환되어야 한다. 그렇게 해야 더 높은 인지 영역에서 공의 어느 부위를 어떤 방향으로 어느 정도의 힘으로 칠 것인지에 대한 계획에 집중할 수 있다.[96]

뇌는 운동 계획이 잡히면 실행에 옮기도록 근육으로 신호를 보낸다. 신호 중 일부는 운동피질로 전달되고, 이후 척수로 전달된다. 신호의 종류에 따라서는 더 직접적인 경로로 전달되기도 한다. 운동신호가 근육에 도달하면 근육섬유가 수축하면서 운동이 시작된다.[97] 우리가 아는 것보다 훨씬 거추장스럽고 복잡한 과정이다. 중간에 어느 한 곳에서 작은 실수라도 발생하면 터무니없는 결과로 이어질 수 있다.

미국 프로 미식축구 리그NFL, National football league 역사상 최악의 팀으로 평가받던 템파베이 버커니어스를 우승으로 이끈 명장 토니 던지Tony dungy 감독은 선수들이 경기하는 동안 너무 많은 생각을 해서는 좋은 성적을 낼 수 없다고 믿었다. 선수들이 자동적이고 습관적으로 반응하기를 바랐던 것이다. 선수들에게 올바른 습관을 심어주면 승리는 자연스럽게 따라온다는[98] 주장이었다. 그는 우승으로써 그것을 입증해 보였다.

한 치의 오차가 큰 결과로 나타나는 골프 경기에서는 무의식적 플레이가 더 중요하다. 골프 스윙이 의식적인 동작이라고 해도 의식이 무의식의 영역까지 침범해서는 절대로 안 된다. 그러면 스윙은 전혀 예상하지 못한 방향으로 흘러간다. 짧은 스윙 동작에서 생각을 많이, 깊게 할수록 정확한 스윙을 방해한다.

어떻게 스윙할 것인가를 결정했다면 그때부터는 무의식에서 스윙해야 한다. 타깃을 보는 시점과 백스윙을 시작하는 시점 사이에는 어떠한 의식적인 생각도 하지 않아야 한다. 그러나 대부분 사람은 이 과정에서 의식이 개입하기 시작한다. 아마도 백스윙을 정확하게 빼기 위해, 그린 파악을 다시 하기 위해, 얼마나 세게 쳐야 할지 가늠하기 위해, 손목이 꺾이지 않도록 하기 위해 생각했을지도 모른다. 이 순간의 의식적인 생각은 최악의 상황을 만든다.[99] 스윙 순간 의식이 개입하면 뇌는 다른 곳으로 에너지를 보내면서 여러 생각을 확산한다. 그러는 과정에서 기존에 연습했던 무의식적 스윙으로 가는 길이 제대로 열리지 않아 실수를 범하게 된다. 결정했다면 그때부턴 생각을 멈춰라.

하트는 1등

구름 갤러리 사이로 이동하는 장하나. 그 와중에도 손가락으로 하트 모양을 예쁘게 만들어본다. 당당하고 여유롭다. 하트 포즈로는 단연 1등이다.

실력 향상에 한계를 느끼는가

어떻게 공을 칠 것인가를 고민하지 말고 어떻게 홀을 공략할 것인가를 고민하라.
잭 니클라우스 *Jack Nicklaus*

좋은 유전자를 타고나지 못했다고 해서 비관적으로만 생각할 일은 아니다. 뇌 속 신경 세포들의 연결망인 커넥톰 Connectome은 끊임없이 변화한다. 가능성과 잠재력이 무궁무진해서 환경이나 습관에 따라 어느 정도는 통제할 수 있다는 것이 뇌과학자들의 한결같은 주장이다.

그것은 골프 연습방법이나 습관에 따라서 한계로 여겨졌던 수준을 넘어설 수 있다는 뜻으로 해석해도 좋다. 방법은 명확하다. 확실한 목표를 설정하고, 욕구를 자극하고, 건강한 질투심을 키워서 잠들어 있는 뇌의 잠재력을 깨우는 것이다.

매일 하는 똑같은 운동이라도 반드시 그날의 목표가 있어야 하고, 작은 목표를 매일 매일 달성하기 위해 욕구가 샘

솟게 해야 하며, 상대보다 조금이라도 나아 보이고 싶은 마음이 있어야 한다. 목표 없이, 욕구 없이, 질투심도 없이 매일 똑같은 운동을 반복하면 뇌는 금세 목표의식을 잃어버려서 앞으로 나아갈 동력마저 상실한다. 그런 날이 계속되면 정신 건강에도 해롭다.

목표의식을 잃고 중도 포기했다고 해서 끈기가 없거나 의지력이 부족한 사람으로 단정해서는 안 된다. 알고 보면 연습방법이나 습관의 문제일 수 있다. 유전자는 바꾸지 못하더라도 환경과 습관을 개선하면 뇌가 가진 무궁무진한 잠재력을 깨울 수 있다.

칩샷으로 공을 바구니 안에 10회 연속 넣기, 표적에 20회 이상 맞추기, 5m 거리 퍼트를 10회 연속 넣기, 그린 주변에서 컵 1m 이내에 붙이기처럼 매일 하는 사소한 연습에도 게임을 즐기듯 소소한 목표를 설정하고, 그 목표를 달성할 때까지 반복하는 방법이 있다. 그러면 운동 시간이 길어져도 뇌는 목표에 집중하기 때문에 피로가 덜하다. 목표를 완수하지 못하면 오히려 찜찜한 기분이 들어서 힘들어도 목표를 완수하려고 노력한다. 뇌는 잠자던 잠재력까지 동원해서 목표를 완수하도록 돕는다. 그러면 운동 효율성은 올라가고 정체기에 있던 실력은 한 단계 끌어올릴 수 있다. 건전한 방법은 아니지만, 내기를 걸고 라운드하면 집중력이 좋아지는 것도 이런 이유 때문이다.

벙커 반, 잔디 반

싱가포르 센토사 골프클럽 뉴탄종 코스에는 유난히 벙커가 많다. 벙커 반, 잔디 반이다. 벙커는 그린 주변으로 갈수록 많아지는데, 많다고 생각할수록 더 많아 보인다.

2017년 5월 미국 미시건주
디트로이트 앤 아버의
트래비스 포인트 골프클럽에서.

Chapter 4

골프 입문자에게

골프에 재능이 없는가

집중력은 자신감과 배고픔의 조합에서 나온다.
아놀드 파머 *Arnold Palmer*

스타 선수들의 후일담에는 단골 메뉴가 있다. '불굴의 투지'와 '인내력'이다. 척박한 환경에서 연습에 매진해 마침내 꿈을 이뤘다는 내용이다. 연습의 중요성을 강조한다.

어느 분야든 일정한 경지에 오르기 위해서는 남다른 연습이 필요하다. 많은 사람이 공감하고 감동한다. 운동신경을 타고난 사람이든 그렇지 않은 사람이든 누구에게나 긍정적이고 희망적인 메시지다. 척박한 환경에서 운동하는 사람들에게도 자신감을 안겨 준다.

그렇다면 골프 연습량과 실력 향상은 정말 비례하는 것일까? 결론부터 말하면 '그렇다'에 가깝다. 하루 이틀 만에 모든 기술과 동작을 습득하는 사람은 아무도 없다. 꾸준히 노력해야 눈에 보이지 않게 아주 조금씩 성장한다. 인간의 뇌는 모두 그렇게 설계되었고, 오랜 세월에 걸쳐서 더 공고히 진화되었다. 성적이 안 나온다고 해서, 내 실력이 경쟁자들에게 미치지 못해서, 나만 뒤처진다고 생각해서 조급해할 일이 아니다. 조급해한다고 상황이 달라지지는 않는다. 벼락치기로 운동한다고 해서 근력이 좋아지거나 몸의 반응 속도가 빨라지는 것도 아니다. 부정확한 스윙이 하루아침에 정확한 스윙으로 바뀌는 일도 없다.

과학자들은 암묵적 학습량이 늘어날수록 퍼팅 능력이 향상된다고 추정했다.[100] 뇌는 근육과 다르지 않기 때문이다. 단련할수록 뇌의 회로가 빨라진다. 신경세포는 수많은 실패를 거듭하면서 거미줄처럼 촘촘하고 굵게 자란다. 거미줄처럼 촘촘하고 굵게 자란 신경세포는 무의식에도 빠르고 정확한 동작을 실수 없이 해낸다.

골퍼는 정확하게 두 가지 유형밖에 없다. 안 되면 포기하는 유형과 포기하지 않는 유형이다. 포기하는 유형은 목표한 경지에 영원히 도달하지 못한다. 목표 달성 가능성이 아예 없다. 그러나 포기하지 않는 유형은 늦더라도 언젠가 목표에 도달할 가능성이 크다.

중도에 포기하는 사람 대부분은 거듭된 실패가 원인이다. '몇 번 해봤더니 안 되더라', '아무리 연습해도 안 된다', '아무래도 재능이 없는 것 같다', '돈은 돈 대로 까먹고 스트레스만 받는다', '연습할 시간이 없다'. 이런저런 핑계로 골프 연습을 멀리하기 시작한다. 경제적인 이유로 연습을 소홀히 하는 사람도 있다. 결국, 연습한 만큼 실력이 향상되지 않는다고 믿는 것이 가장 큰 문제다.

지금 이 순간부터는 "재능이 없다"라는 말은 머릿속에서 지워버려도 좋다. 재능이 없는 것이 아니라 노력하지 않은 것이다. 재능은 열망에 성실성이 더해지면서 완성된다. 열망과 재능은 전혀 다른 뜻의 단어 같지만, 알고 보면 서로 떼려야 뗄 수 없는 유기적 관계다. 열망이 없는 사람은 대부분 재능이 없고, 재능이 없는 사람은 대부분 열망이 없다. 열망이 있는 사람은 대부분 성실하고, 성실한 사람은 대부분 좋은 성적을 낸다. 좋은 성적을 낸 사람은 재능이 있는 사람으로 평가받는다. 과거에는 타고난 재능이 실력으로 나타난다고 알려졌지만, 최근에는 연습으로 재능을 만든다고 강조하는 학자가 더 많아졌다.

재능이 성공을 보장하지도 않는다. 만약에 재능이 유전이라면 유명 프로골퍼의 자녀들은 모두 세계적인 선수가 되어야 하지 않은가. 현실을 보라. 유명 선수 부모를 뛰어넘는 자녀는 거의 없다. 부모보다 부유하고 좋은 운동 환경에서 자란 자녀들이 왜 부모를 뛰어넘지 못할까. 그에 반해 각 분야에서 뛰어난 운동선수들을 보라. 척박한 환경에서 기적처럼 꽃을 피운 선수가 많다. 어려운 가정 형편에서, 늦은 나이에, 불모지에서, 불리한 신체 조건으로, 무명 또는 연습생 설움을 딛고 성공신화를 써 내려간다. 재능은 열망과 성실성으로 만들어진다는 주장에 힘을 실어준다. 재능만으론 절대로 성공에 도달하지 못한다. 특히나 선수 생명이 긴 골프는 재능보다 열망과 성실성이 더 중요하다. 당신을 믿고 당신의 연습량을 믿으면 된다. 그것으로 충분하다.

절대로 오해해서는 안 된다. 연습 과정에서 거듭되는 실패는 뇌가 보내는 긍정 신호다. '너는 골프에 소질이 없으니 몸을 그만 괴롭혀라'라는 신호가 아니다. 실수를 많이 할수록 더 성장한다. 설령 실패 없이 목적지까지 갔다고 치자. 그럼 목적지까지 가는 길 외에는 알지 못한다. 오른쪽으로 가면 무엇이 나오고, 왼쪽으로 가면 무엇이 나오는지 알 수 없다. 첫 삽을 뜨는 데 행운이 따랐을지는 몰라도 이후 실현은 불을 보듯 뻔하다. 결국, 많은 실패를 경험할수록 당신의 뇌는 더 견고하게 성장한다.

우리 뇌는 힘들게 노력해서 얻은 결과를 더 가치 있게 여긴다. 그래서 성취감이라는 달콤한 결과물을 우리에게 준다. 성취감은 꽤 오랜 시간 동안 행복감과 뿌듯함, 즐거움, 자존감으로 나타난다. 힘들게 노력하지 않고 지름길로만 가서 얻은 결과는 성취감이 덜하다. 그것을 깨닫는 순간 우리는 연습에 중독된다.

　실패는 끝이 아니다. 끝은 당신이 포기하는 순간이다. 실패는 능숙해지기 위한 하나의 과정일 뿐이라는 사실을 명심해야 한다. 재능 따위는 믿지 마라. 게으른 천재는 머지않아 도태된다. 오랜 선수 생활을 통해서 얻은 진리다. 무슨 일이 일어나도 포기하지 마라. 어차피 골프는 성실한 사람이 이기는 게임이다. 성실함으로 성패가 갈린다. 비슷한 실력이라면 조금 더 성실한 사람이 이긴다. 그리고 더 오래간다.

벼랑 끝에서

벼랑 끝에 다다랐을 때 거친 바위 절벽과 거센 바람과 파도가 위협하듯이 밀려들었다. 더는 앞으로 나아갈 곳이 없으니 물러나라는 신호 같다. 하지만 생각을 바꾸면 여기서부터 시작이다. 벼랑 끝이라도 생각만 바꾸면 기회가 된다. 거센 파도는 새로운 시작을 알리는 팡파르다. 중국 남산 골프장에서.

전동카트 없이 라운드할 수 있는가

바람은 훌륭한 스승이다. 바람은 골퍼의 장단점을 확실하게 알려준다.
해리 바든 *Harry Vardon*

골프선수는 전동카트를 타지 않는다. 티샷 후에는 티잉 그라운드에서 내려와 공이 날아간 자리까지 걸어서 이동한다. 경기 중에 전동카트에 타면 실격이다. 필드를 걷는 것도 골프 경기의 일부이기 때문이다.

선수들은 경기 중 걸으면서 코스를 익히고, 바람의 방향과 세기를 느끼고, 거리를 계산하고, 지면의 경사와 굴곡을 체감하고, 잔디 상태를 체크한다. 아무 생각 없이 걷는 것 같아도 머릿속이 복잡하다. 선수들의 보이지 않는 경기력이 발휘되는 시간이다. 샷에 필요한 거의 모든 정보는 코스를 걸음으로써 얻을 수 있다.

전동카트는 아마추어 골퍼의 전유물이다. 아마추어 골퍼는 코스를 걷는 시간이 지극히 제한적이다. 의지와 상관없이 샷 한 번 하면 전동카드에 실려 공이 떨어진 자리로 옮겨진다. 홀과 홀 사이를 이동할 때도 전통카트에 몸을 싣는다. 손수레를 끌고 다니면서 캐디 없이 셀프 라운드를 하지 않는 한 여유 있게 잔디를 밟는 시간은 좀처럼 허락되지 않는다.

내장객 편의와 안전을 내세워 제공되는 전동카트가 골프의 가장 큰 매력과 장점을 빼앗아버렸다. 골프의 가장 큰 장점은 드넓은 필드를 걸으며 자연과 호흡하면서 동화될 수 있다는 점이다. 공이 날아간 방향을 따라 걸으면서 수려한 경관에 눈이 가고, 자연의 소리에 귀를 기울이게 된다. 어떤 스포츠에서도 찾을 수 없는 골프만의 매력이다.

그러나 전동카트에 앉아 코스를 이동하는 순간 이 모든 감수성은 파괴된다. 공 한 번 칠 때마다 전통카트에 앉아 이동할 것이라면 굳이 비싼 이용료를 내고 골프장에 가는 대신에 스크린골프를 즐기는 쪽이 좋을지도 모른다. 전통카트는 골프장의 상술일 뿐이다.

코스를 익히고 창의적인 플레이를 하는 데도 전동카트는 도움이 되지 않는다. 뇌 가소성 유지 시스템을 활성화하는데 가장 좋은 운동이 걷기다. 아무리 머리를 쥐어짜도 나오지 않던 아이디어가 길을 걷다가 불쑥 튀어나오기도 하는데, 뇌는 걸으면서 최적으로 활성화되기 때문이다. 편안한

속도로 걷거나 달리면 사고하는 두뇌의 스위치가 켜지고 창의력과 문제 해결 능력이 높아진다.[101]

스탠퍼드대학교 연구팀 실험에 따르면 전체 인원의 81%가 앉아 있을 때보다 걸을 때 확산적 사고 테스트에서 더 높은 점수를 얻었다. 또 다른 실험에서는 실외에서 걸었던 피험자들이 앉아 있을 때와 달리 한 가지 이상의 새로운 양질의 유추를 만들어낸다는 사실을 발견했다.[102] 골프장에서도 코스를 직접 걷고 공이 날아간 지점을 따라 움직여야 코스를 빨리 익힐 수 있으며, 코스 특성에 맞는 창의적인 플레이도 만들어낼 수 있다.

반대로 전동카트를 타고 코스를 돌면 자연과 호흡하기는커녕 코스를 익히기도 어렵다. 어디에 무엇이 있고, 어떻게 공략하면 좋을지도 알지 못한다. 하루 동안 도시를 걸으면서 여행한 사람과 가이드가 운전해주는 차에 앉아 여행한 사람의 차이와 같다. 전자는 어디에 맛집이 있고, 어디에 볼거리가 있으며, 가로질러 가는 길까지 머릿속에 대략적인 지도가 새겨지지만, 후자는 차에서 내리는 순간 자신이 선 곳이 어디인지조차 알지 못한다.

건강을 생각해도 전동카트에 앉아 이동하는 것보다 걷는 것이 훨씬 이롭다. 평소 많은 사람이 앉아서 출퇴근하고 앉아서 업무를 보며, 앉아서 회의를 하고, 앉아서 미팅을 하고, 앉아서 밥을 먹고, 앉아서 휴식을 취한다. 쉬는 날에도 소파에 앉아 스마트 기기를 들여다보거나 앉아서 TV를 보며 시간을 보낸다. 산업화와 문명의 발달이 가져온 파괴적인 선물이다. 앉아 있으면 편안하지만, 그에 대한 대가는 혹독하다. 오래 앉아 있으면 다리 정맥 내부에 혈액이 응고되어 조그마한 핏덩이(혈전)가 생기는 질환인 정맥혈전증이 발생한다. 또한, 이런 혈전 형성을 동반해 정맥에 염증이 생겨 극도의 통증을 유발[103]하기도 한다. 하루에 앉아 있는 시간이 한 시간 늘수록 사망률이 2% 증가하며, 하루에 앉아 있는 전체 시간이 8시간을 넘을 때 사망률은 8%가 증가[104]한다는 분석도 있다. 한주 내내 앉아서 업무를 보고 골프장에서도 앉아서 시간을 보낼 바에는 골프장에 가지 말고 집 주변을 산책하는 것이 건강에 이로울지도 모른다.

아름다운 해저드

해저드라면 피하고 싶은 구역으로 여겨져서 아름다운 해저드라는 말이 역설적으로 느껴진다. 스코어라는 숫자에 매몰되기 때문이다. 골프에서 숫자를 지우면 해저드도 아름답다. 피하고 싶은 곳이 아니라 오래 머물면서 바라보고 싶은 곳이다.

여자라서 힘들다고 생각하는가

골프는 왼손의 게임도 오른손의 게임도 아닌 균형 잡힌 양손의 게임이다.
헨리 코튼 *Henry Cotton*

골프라는 야전 게임에서 골퍼는 전사다. 산을 넘고 벙커·연못·웅덩이 같은 해저드를 피해 전략적으로 그린을 밟아야 한다. 때로는 숲으로 가려진 그린을 향해 가로질러 공략해야 하고, 커다란 장애물에 막힌 공을 꺼내기 위해 돌아가는 융통성도 발휘해야 한다. 깃대까지의 거리와 바람의 방향·세기, 잔디 길이와 공이 놓인 상태, 지면의 높이·경사도 따위를 계산해 최적의 공략 방법을 선택해야 한다. 좁디좁은 페어웨이라도 과감하게 칠 수 있는 배짱이 필요하고, 실수하더라도 훌훌 털고 다음 샷을 준비하는 냉철함도 필요하다. 자연에 순응하면서 인체의 감각기관을 충분히 활용해야 하는 동물적인 게임이다.

골프를 잘하려면 운동신경과 체력, 인지력을 고르게 갖

추고 있어야 한다. 남성은 막강한 힘을 앞세워 큰 비거리를 만들어낼 수 있다. 큰 장점이다. 여성과는 시작부터 상대가 되지 않는다. 그래서 여성의 티샷 위치는 남성보다 훨씬 앞쪽에 있다. 그렇게 해도 떨어지는 비거리를 따라잡아서 남성을 이기기는 어렵다. 비슷한 실력이라면 조금이라도 공을 멀리 보낼 수 있는 남성이 반드시 이긴다. 남자 선수 못지않은 비거리를 뽐내며 PGA 투어에 기세등등하게 도전했던 미셸 위Michelle sung wie west도 단 한 차례의 예선을 통과하지 못했으니 말이다.

골프는 결국, 남성에게 절대적으로 유리한 게임일까. 그렇지는 않다. 비거리만 제외하면 여성에게 불리한 것이 없다. 비거리에 부담이 없는 150야드 이내 쇼트 게임에서는 오히려 여성에게 유리한 점이 많다. 비거리 경쟁이 없는 골프는 사격, 양궁 같은 표적 스포츠와 유사하다. 다른 점이 있다면 단순히 표적만 조준하는 것이 아니라 주변 지형지물을 숙지하고 활용해야 한다는 점이다. 이 점 역시 공간지각능력이 발달한 여성에게 유리하다.

영국의 생물학자 크리스토퍼 캠프Christopher kemp는 자신의 저서 『뇌, 가장 위대한 내비게이션』에서 "여성은 남성보다 위치기억(사물의 위치에 대한 기억)이 더 뛰어나다. VR이든 현실이든 위치를 구분하고 분류하는 일에 여성은 언제나 남성을 앞선다"라고 주장했다.

수만 년 전인 구석기시대의 여성은 사냥보다는 채집에 집중했을 가능성이 크다. 과일이 열리는 나무나 고열을 달래줄 약초의 정확한 위치를 기억해야 했다.[105] 이러한 이유로 남성은 수렵에 필요한 힘과 민첩성이 발달했고, 여성은 사물의 위치를 기억하는 공간지각능력이 발달하게 되었다. 수만 년이 지난 지금, 대다수 남성은 아내나 여자친구의 옷차림과 머리 모양 변화를 제대로 감지하지 못한다. 대부분 여성이 주변 여러 사람의 사소한 변화도 빠르게 알아차리는 것과는 큰 차이를 보인다. 여성의 관점에서 보면 남성은 배우자나 주변인에게 무관심한 것처럼 보이기도 하지만, 절대로 무관심해서가 아니다. 그것이 대다수 남성의 유전자적 한계다.

인간의 신경망은 사용하지 않으면 쇠퇴한다. 뉴런 간 신호 연결이 약해지면서 숙달하지 못하는 것이다. 200미터 직진 후 우회전을 하라는 내비게이션의 안내에 따라 반사적으로 운전하는 동안 해마에 있는 신경망은 전혀 사용하지 않게 된다. 내비게이션 화면에 집중하느라 지나쳐가는 아름다운 성당 같은 건축물이나 만개한 벚꽃 나무가 늘어선 풍경을 감상할 기회[106]마저 잃어버리는 것과 같다.

쇼트 게임에서 남성이 여성보다 섬세한 플레이를 하지

못하는 이유는 또 있다. 테스토스테론이라는 성호르몬 때문이다. 테스토스테론은 무언가를 실행하도록 재촉하고 낙관적인 사고를 하도록 만들어준다.[107] 힘 조절을 못 하거나 모험적이고 무모한 플레이에 집착하다 스코어를 잃는 남성이 많은 이유도 테스토스테론의 영향일 가능성이 크다.

누가 봐도 최운정

골프를 좀 아는 사람은 다 안다. 누가 봐도 최운정이다. 그가 유명 프로골퍼여서가 아니라 캐릭터 때문이다. 소속사의 오렌지 색 골프공을 항상 사용했고, 오렌지 색 골프웨어를 입고 출전하는 날이 많았다. 오렌지 색이 참 잘 어울리는 선수였다. 그래서 그의 별명은 '오렌지 걸'이다.

성공으로 가는 지름길을 찾는가

골프에서 가장 위험한 시간은 만사가 순조로울 때다.
진 사라젠 *Gene Sarazen*

스타 선수들에겐 남다른 연습 비결이 있을 것 같다. 보통 사람은 상상하기 힘든 자신만의 비밀 연습 공간에서 자신만의 장비를 활용해 자신만의 연습방법으로 훈련하고 있을 것이라는 추측을 해볼 수 있다.

간혹 언론사 뉴스를 통해 스타 선수들의 훈련 비결이 노출되기도 한다. 대수롭지 않은 방법임에도 많은 사람의 시선을 끈다. 기사화되는 과정에서 다소 과장되거나 왜곡되어 보도되기도 한다. 투어에서 우승한 선수가 사용한 장비는 불티나게 팔린다. 언론에 알려진 스타 선수의 연습방법을 그대로 따라 해보는 사람도 많다. 아예 해당 선수가 훈련한다는 장소에 찾아가 함께 훈련을 청하는 선수도 있다.

그러나 기대했던 무엇인가는 찾아내지 못한다. 비밀 특

훈도, 특별한 장비도, 그만의 연습방법도 없다. 평상시 자신이 해온 방법과 다르지 않다. 어디를 봐도 평범함 그 자체다. 실망감이 밀려든다.

흥미로운 건 특별한 연습 비결이 전혀 없는 스타 선수와 함께 훈련했음에도 실력이 향상됐다는 선수가 의외로 많다는 점이다. 스타 선수로부터 특별 지도를 받은 것도 아니고, 특별한 훈련방법을 알아낸 것도 아니며, 다른 선수는 사용하지 않는 특별 연습 도구가 있었던 것도 아닌데 말이다.

만약 스타 선수와 함께 훈련해서 성적이 좋아졌다면 스타 선수의 특별 훈련 덕이 아니라 스타 선수로 인해 좋은 기운과 습관이 몸에 밴 결과라고 할 수 있다. 스타 선수의 성실성과 집중력, 운동 효율성, 그리고 적당하고 건강한 질투심, 투쟁심이 자신도 모르는 사이에 몸에 배었을 가능성이 크다. 스타 선수를 거울로 삼음으로써 좋지 않은 기운과 습관은 떨쳐내고 좋은 기운과 습관만 받아들이게 된 것이다.

스타 선수와 떨어져서 혼자 운동할 때는 자신도 모르는 사이에 나태한 습관이 뇌를 점령하고 있었을지도 모른다. 거울로 삼을 롤 모델도 없어서 어떤 방향으로 어떻게 변화해야 할지 알지 못했고, 자신의 훈련방법이 옳은 길인지에 대해서도 확신을 갖지 못함으로써 잠재력을 깨우지 못했을 수도 있다.

결론적으로 말하면 성공으로 가는 지름길은 어디에도 없다. 스타 선수라도 성공으로 가는 지름길은 알지 못한다. 특별한 훈련방법을 알지도 못한다. 놀랍거나 실망스러울 수도 있지만, 당신이 아는 것이 전부다. 아무리 훌륭한 선수라도 지름길을 밟고 정상에 오르지 않았다. 목표를 향해 나아가는 과정에서 수없이 많은 실수를 거듭하면서도 끝까지 포기하지 않은 결과다. 그것이 유일한 비결이다.

말 달리는 코스?

몽골의 자연과 꼭 닮은 골프장이다. 초원이 골프장이고, 골프장이 초원이다. 전동카트 대신 말을 타고 코스를 돌아야 할 것 같은 생각도 든다. 이곳은 몽골 징기스칸 골프장이다.

드라이버샷 연습방법은 효율적인가

힘을 빼고 천천히 스윙하라. 공은 절대로 도망가지 않는다.
샘 스니드 *Sam Snead*

골프 경기는 티샷으로 시작된다. 대부분 드라이버를 잡는다. 최대한 멀리 보내 깃대까지의 거리를 좁혀서 게임을 유리하게 끌고 가기 위함이다. 그래서 1번홀 티샷 결과는 경기 초반 분위기를 좌우한다. 선수들에게는 대단히 중요하고 긴장된 순간이다.

갤러리들은 선수들의 1번홀 티샷을 보기 위해 티잉그라운드 주변으로 몰린다. 티샷 후 관심 있는 선수를 따라 돌기도 하지만, 모든 선수의 첫 티샷을 같은 자리에서 관전하는 사람도 많다. 선수나 갤러리나 1번홀 티샷이 갖는 무게감은 가볍지 않은 것이다.

티샷 시 사용하는 드라이버는 14개의 골프채 중 샤프트가 가장 길고, 헤드는 가장 크다. 당연히 가장 큰 비거리를

낸다. 샤프트가 긴 만큼 스윙 동작도 커진다. 선수들은 경기 시작과 동시에 가장 크고 강력한 스윙을 하고, 깃대에 가까워질수록 작은 스윙으로 섬세한 플레이를 한다. 그린에 올라가면 골프채 중 가장 짧은 퍼터로 가볍게 굴린다. 공이 컵에 들어가면 다음 홀로 이동해 다시 큰 스윙으로 시작한다.

연습은 실전의 반대여야 한다. 가장 짧은 클럽으로 시작해서 조금씩 긴 클럽을 잡는 것이 정석이다. 그런데 연습은 실전처럼 하랬다고 연습 시작부터 드라이버를 잡고 풀스윙하는 사람도 적지 않다. 몸이 덜 풀린 상태에서 드라이버를 잡고 풀스윙을 하면 긴장된 근육과 관절이 불필요한 자극을 받아 부상으로 이어지기 쉽다. 스윙 전에 어느 정도 준비운동을 했어도 스윙 연습은 짧은 클럽부터 하는 것이 상식이다. 연습 시간이나 스윙 횟수도 짧은 클럽은 많이, 긴 클럽일수록 적게 하는 것이 좋다. 그렇게 해야 골프를 오랫동안 안전하고 건강하게 즐길 수 있다.

대회장에서 선수들이 연습하는 모습을 보면 알 수 있듯이 처음부터 드라이버를 잡고 펑펑 날리지는 않는다. 그런 선수는 아무도 없다. 아무리 구력이 길고, 아무리 실력이 출중해도 퍼트나 쇼트 게임 위주로 연습하다 드라이버 같은 긴 클럽은 몇 개만 쳐보면서 점검하는 수준이다. 선수들은 첫 티샷을 하기 전에 충분히 몸을 푼 상태이므로 선수들의 플레이를 보면서 오해하지 않길 바란다.

또 한 가지 중요한 것이 있다. 몸이 덜 풀린 상태에서 드라이버를 잡고 풀스윙하는 연습은 헛수고에 가깝다는 점이다. 운동은 심장의 수축력을 높이고 근육을 강화한다. 심장의 수축력을 높이는 심혈관계 운동을 할 때는 천천히 근육을 데운 다음 30분 이상 운동을 해야 근육의 강도가 높아지고 지구력이 강해진다.[108] 걷기나 달리기 같은 유산소 운동을 한 후 스트레칭으로 근육과 관절을 늘려주면 운동 효과를 최대로 끌어올릴 수 있다. 만약 준비운동 없이 본 운동에 들어가면 운동한 만큼 효과를 얻지 못한다. 뇌는 그것을 운동이 아닌 육체노동으로 받아들인다.

간절함의 승리

간절히 원하면 이루어진다. 열망이 있기 때문이다. 열망 에너지는 우리 몸에 남아 있는 여분의 힘과 집중력을 최대로 끌어다 쓴다. 2018년 한국투자증권 챔피언십에서 우승한 장하나처럼.

능동적으로 훈련했는가

골프 경기에서 첫 번째 상대는 나 자신이다.
허버트 워런 윈드 *Herbert Warren Wind*

누군가가 시켜서 하는 훈련은 노동이다. 운동 효과가 떨어질 뿐만 아니라 훈련 내용도 기억 속에 잠시 머물렀다 사라진다. 지금 하는 훈련이 왜 필요하고, 얼마나, 어떻게 해야 더 효과적인지 알지 못한다. 머릿속이 텅 비어 있는 것처럼 누군가가 시키지 않으면 아무것도 하지 못한다. 그러면 몸과 마음은 더 피곤하게 느껴진다. 하기 싫은 육체노동을 어쩔 수 없이 참고 견디는 것과 다를 게 없다.

원치 않는 모임에 나갔을 때를 상상해보라. 누군가에게 소개받은 사람이 여럿 있지만, 헤어진 뒤 이름을 기억하는 사람은 단 한 명도 없다. 얼굴도 가물가물하다. 누군가가 다시 알려줘도 오래 기억하지 못하고 또 잊어버린다. 명함첩엔 누군지 알 수 없는 사람들의 명함으로 가득 채워져 있다.

여러 사람이 함께 여행을 가도 비슷한 현상이 나타난다. 무리 중에 한 사람이 여행 계획을 세워서 가이드나 운전자 역할을 하면 나머지 여행 참가자는 가이드를 따라다니면서 편안하게 여행을 즐길 수 있다. 그러나 여행을 마치고 나면 머릿속에 남는 것이 거의 없다. 여행지로 가는 길은 물론이고 어디에 들렀고, 무엇을 먹었는지, 열차 승차권을 예매하는 방법과 탑승 절차도 기억나지 않는다. 오직 기억하는 것은 그곳에 다녀왔다는 사실뿐이다.

머리가 나쁜 것도, 기억력에 문제가 있는 것도 아니다. 수동적으로 취득한 정보는 뇌의 단기기억에 저장되었다가 금세 사라지기 때문이다. 운동도 누군가가 시키는 대로 따라만 하면 훈련 효과가 크게 떨어질 뿐만 아니라 육체적, 정신적 피로감이 더하다.

반면에 모임 참가자 이름을 스스로 알아내고, 여행 계획과 준비를 스스로 한 뒤 가이드 없이 혼자서 여행하면 대부분 정보가 장기기억에 남아서 언제든 필요할 때마다 유용하게 꺼내 쓸 수 있다.

훈련도 능동적이어야 한다. 누군가가 시켜서 어쩔 수 없이, 의무방어전처럼 하는 것이 아니라 스스로 부족한 것이 무엇이고, 어떻게 하면 훈련 효과를 최대로 끌어 올릴 수 있는지를 고민하면서 자신에게 꼭 맞는 훈련을 스스로 찾아서 해야 한다. 능동적인 학습은 뇌에 깊이 각인 되기 때문에 대부분 장기기억에 저장된다. 육체적, 정신적 피로가 덜하고 훈련 욕구도 올라간다. 그렇게 해야 슬럼프나 역경이 찾아와도 슬기롭게 대처하고 극복할 수 있다.

골프는 누구라도 어려운 운동이다. 대한민국 제일의 부자였던 삼성 창업주 이병철도 골프는 뜻대로 되지 않았다고 한다. 골프는 과거나 현재나 어려운 운동의 대명사인 것이다. 골프를 시작했다면 골프가 가진 근본적인 어려움은 누구라도 피할 수 없다. 능동적인 운동은 그것을 최소화할 뿐이다.

나를 따르라

다니엘 강이 앞서가고 캐디가 뒤를 따른다. 위풍당당하게 빨리 걷는 모습이 인상적이다. 큰 신장의 캐디는 무거운 골프백을 메고 힘겹게 따라가고 있다. 다니엘 강은 능동적이어서 즐거워 보이고, 캐디는 수동적이어서 힘들게 느껴진다.

운동을 늦게 시작했는가

퍼팅은 인생과 같다. 성공과 실패 사이의 차이는 보통 몇 인치밖에 되지 않는다.
톰 왓슨 *Tom Watson*

　가끔 늦깎이 골퍼라는 말을 듣는다. 또래보다 골프를 늦게 시작해서 뒤늦게 프로 무대에 데뷔한 선수를 그렇게 부른다. 얼마나 늦게 시작해야 늦깎이 골퍼가 되는가. 정해진 건 없으나, 선수가 될 생각이라면 대개 초등학교 저학년 때 시작한다. 늦어도 초등학교 고학년 때는 골프채를 잡는다. 중학생이 되어서야 골프에 입문했다면 요즘 또래 선수들보다 훨씬 늦은 편이다. 개중에는 고등학생이 된 이후에 시작한 선수들도 있는데, 이런 선수는 분명 늦깎이 골퍼다.
　선수 부모들과 이야기하다 보면 "우리 아이는 골프를 늦게 시작해서 따라가기가 너무 힘들다"는 말을 종종 듣는다. 늦어도 초등학교 3, 4학년에는 시작하는데, 우리 아이는 5학년 때 시작했다면서 말이다. 그래 봐야 고작 1~2년

늦었을 뿐이지만, 어릴 적 1~2년은 엄청난 차이라며 목소리를 높인다.

터무니없는 주장은 아니다. 어릴 적에는 1년이라도 일찍 시작한 아이가 또래보다 훨씬 앞서간다. 그 차이는 평생 따라가지 못할 만큼 높아 보인다. 사춘기를 지나 성인이 되었어도 차이는 좀처럼 좁혀지지 않는다. 이왕 선수로 키울 생각이라면 1년이라도 빨리 시작하는 것이 훨씬 유리하다고 말하는 이유다.

분명 일리가 있다. 하지만 골프라는 종목에서는 반드시 그렇지도 않다. 만약 골프를 또래보다 늦게 시작했다는 이유로 선수 생활을 계속해도 될지 고민하고 있다면 "주저하지 말라"고 말해주고 싶다.

야구나 축구는 중고등학교 때 실력을 발휘하지 못하면 목표했던 대학에 진학하기가 어려워진다. 프로구단으로부터 지명도 받지 못한다. 선수 생활을 접어야 한다. 유급까지 해가며 어렵게 구단으로부터 지명을 받고 선수 생활을 이어가더라도 성적이 받쳐주지 않으면 곧 방출 통보를 받는다. 나이 서른이 되기도 전에 선수 생활을 접어야 한다. 참으로 망막한 일이다.

그러나 골프는 개인 스포츠다. 반드시 대학에 진학하거나 프로구단으로부터 지명을 받지 않아도 된다. 프로골프

테스트를 통과하고 시드만 받으면 누구든 똑같은 조건에서 투어 생활을 할 수 있다. 무엇보다 골프는 선수 수명이 길다. 구단으로부터 방출을 당할 일도 없으니 마흔이건 쉰이건 시드만 유지하면 평생직장처럼 필드를 누빌 수 있다. 20대 초중반에 기량을 발휘하지 못하더라도 30대, 40대가 되어서 빛을 보는 선수도 제법 많다. 그런 선수들이야말로 늦깎이 골퍼다. 군대를 전역한 뒤 대학에 다니다 아버지의 권유로 골프를 시작한 황인춘[109]은 29세에 투어프로가 됐음에도 통산 4승이나 올렸다.

무엇보다 골프는 장래를 예측하기가 어려운 종목이다. 종합적인 운동능력을 요구하기 때문에 관찰해야 할 것이 너무나 많다. 순발력만 좋다고 잘할 수 없고, 힘만 좋다고 해서 유리하지 않다. 체격 조건만으로도 잘할 수 없다. 수많은 운동신경과 신체 조건, 환경적 요인이 조화를 이루어야 좋은 경기력으로 나타난다.[110]

프로골퍼 강욱순은 한국 골프를 대표하는 레전드 중 한 명이다. 화려한 경력만 보면 선수의 자질도 까다롭게 따질 것 같지만, 그렇지는 않다.

"골프는 누구도 알 수 없는 운동이다. 다른 스포츠는 힘이면 힘, 순발력이면 순발력, 신장이면 신장, 지구력이면 지구력이다. 한 가지 운동능력이나 기능에 치우친다. 골프는 그렇지가 않다. 강함과 부드러움을 모두 갖추고 있어야 한다. 장타 치면서 쇼트 게임도 잘해야 좋은 스코어가 나온다. 골프처럼 여러 운동신경을 고루 갖춰야 하는 종목은 거의 없다. 그래서 어린 선수를 볼 때 쉽게 생각하지 않는다. 모든 가능성을 열어서 폭넓게 살펴봐야 한다."[111]

대니얼 코일은 "스킬에는 하드 스킬과 소프트 스킬이 있다"고 설명한다. 골프 스윙은 고도의 정밀성을 요구하는 하드 스킬에 속한다. 오랫동안 반복적으로 훈련해야만 무의식에서도 좋은 동작을 만들 수 있다. 즉, 원숙한 골프 스윙을 가진 훌륭한 프로골퍼는 타고날 수 없다는 뜻이다. 오랜 노력으로 만들어지는 것이다.

해변의 연인?

해변을 따라 걷는 여성과 그 뒷모습을 바라보는 남성. 해변의 연인이 아니다. 워터해저드와 거대한 벙커다. 사진 속 주인공은 김예진과 그의 캐디. 휘닉스파크 골프장에서.

운동 전후 스트레칭은 했는가

골프 스코어는 그린 주위 70야드에서 결정된다.
벤 호건 *Ben Hogan*

운동 전후 스트레칭은 누구나 공감하는 이야기다. 어떻게 얼마나 스트레칭을 해야 하는지의 문제이지 운동 전후 스트레칭이 불필요한 시간 낭비라고 말하는 사람은 아무도 없다.

운동을 생업으로 하는 스포츠 선수들은 마치 루틴처럼 운동 전후 스트레칭을 거르지 않는다. 어떤 선수라도 운동 전 최소 10분은 스트레칭을 하는 데 할애한다. 손목과 발목을 늘려주는 가벼운 동작으로 시작해서 어깨와 허리, 몸통 전체를 비틀고 돌리고 늘리는 동작들을 조심스럽고 정성스럽게 행한다.

운동 전후에 스트레칭을 하는 이유는 부상을 방지하고 운동 효율을 높여주며 피로를 푸는 데도 도움을 주기 때문이다. 몸이 재산인 운동선수가 몸을 다치면 큰 타격을 입는다. 부상이 크면 모든 것을 잃고 절망에 빠질 수도 있다. 그러니 운동 전에 스트레칭보다 중요한 것은 없다. 절대로 거르거나 소홀해서는 안 될 시간이다.

이처럼 몸이 단련되어 튼튼한 운동선수들도 스트레칭에 공을 들이고 있지만, 한 달에 한두 번 골프장에 나가는 아마추어 골퍼들은 운동 전후 스트레칭에 소홀한 경우가 많다. 운동 전 간단한 스트레칭마저 생략한 채 드라이버부터 잡고 풀스윙하는 사람도 적지 않다. 운동 후에는 당연하다는 듯이 스트레칭을 거른다.

운동 전후 스트레칭을 하지 않으면 부상에 쉽게 노출되고 피로를 푸는 데도 시간이 더 걸린다는 것이 정설이다. 뻣뻣한 몸으로 연습하면 운동 효율도 떨어진다. 이것이 우리가 알고 있는 상식이다.

그러나 운동 전후 스트레칭 효과에 대해서는 명확하게 '있다', '없다'로 결론 내리기가 어려운 것이 사실이다. 과학자들은 스트레칭이 운동 중 부상 가능성에 차이를 만드는지, 운동의 효과를 높이거나 저해하는지에 대해서 의견 일치를 보지 못하고 있다.

그런데 심신 상호작용의 맥락에서 바라보면 그보다 더 흥미로운 사실이 있다. 스트레칭이 신체 조작의 물리적·화학적 특성을 세포의 수준까지 변화시킨다는 증거가 나왔다. 면역 체계를 통해서 몸 전체에 파급효과를 일으키고, 정신과 신체 사이의 모든 중요한 연결에 영향을 미칠 수 있다[112]는 내용이다.

실험 결과에 따르면 스트레칭을 한 쥐는 스트레칭을 하지 않은 쥐보다 염증 부위가 눈에 띄게 줄어들고 면역 활동의 징후인 백혈구가 조직에 적은 것으로 나타났다. 더 중요한 것은 이 실험이 근막 스트레칭이 염증 반응을 멈추게 하고 조직이 정상으로 되돌아오도록 하는 시작점이라는 것이다.[113]

유연성과 근력이 동시에 향상되면 불안에 대처하는 능력도 좋아진다. 유연성을 키우기 전에 근력을 키우고, 충분히 스트레칭이 되었다는 느낌이 들 때까지 움직이는 것이 운동 효과를 높이는 데 도움을 준다. 골프에선 자신감은 물론이고 위기관리 능력도 키울 수 있다. 부상 방지 효과를 제외하더라도 골프에서 스트레칭은 샷 연습만큼이나 중요하다. 선택이 아닌 필수다.

징기스칸처럼

몽골은 초원과 골프장의 경계가 모호하다. 초원이 골프장 같고, 골프장이 초원 같다. 드넓은 골프장에 나무 한 그루 없어서 황량해 보이지만, 그것마저도 이곳 징기스칸 골프장의 매력이다. 티잉그라운드에 서서 잠시 생각에 잠겨본다. 드넓은 초원을 호령하던 징기스칸처럼.

연습을 미룬 적이 있는가

1m짜리 퍼트 한 타와 300야드 드라이버샷은 똑같은 한 타다.
헨리 코튼 *Henry Cotton*

계획했던 운동을 미루는 이유는 운동으로 인한 스트레스를 피하기 위해서다. 뇌는 운동이 얼마나 힘들고 지루하며 인내심을 요구하는지 잘 알고 있다. 따라서 '운동'이라는 두 글자를 머릿속에서 떠올리기만 해도 '미루고 싶다'라는 신호를 보낸다. 신호는 피로함, 무기력감, 원인을 알 수 없는 통증 등으로 전해진다.

긴 고민 끝에 운동을 미루면 뇌는 잠시나마 상당한 안도감과 편안함을 느낀다. 피로함이나 무기력감은 금세 사라진다. 원인을 알 수 없던 통증이 사라지고 머리도 맑아진다. 계획에 따라 운동을 해야 한다는 것은 잘 알고 있으나 습관적으로 계속해서 운동을 미루고 싶어지는 이유가 이 때문이다.

그러나 운동을 미루고 얼마 지나지 않아 죄책감이라는 대가가 찾아온다. 죄책감은 스트레스와 불안감을 일으킨다. 결국, 운동하면서 받아야 할 고통을 운동을 미뤄서 받는 스트레스와 맞바꾼 셈이 된다. 스트레스를 피하고 싶어서 운동을 미뤘으나 또 다른 스트레스를 받으면서 고통의 고리에서 벗어나지 못한다. 운동을 계속해서 미룬다 해도 문제가 해결되지 않는다. 해야 할 일을 미룰수록 더 큰 스트레스가 찾아온다. 미루기가 지나치면 감당하기 어려운 스트레스가 밀려와 현실도피의 원인이 된다. 스트레스는 건강도 악화시킨다. 결과적으로 해야 할 운동을 미뤄서 좋을 것이 아무것도 없다.

그에 반해서 하기 싫은 운동이라도 계획대로 실천하면 어떤가? 고통과 불쾌한 기분은 잠시뿐이다. 곧 상쾌함과 즐거움, 뿌듯함, 자신감, 떳떳함이라는 보상이 주어진다. 결국, 모든 일은 제때 처리하는 것이 신체적, 정신적, 금전적으로 훨씬 이득이다.

그렇다면 뇌는 왜 운동을 미뤘을 때 더 큰 스트레스가 오는데도 미루기를 습관처럼 하는 걸까. 인간의 뇌는 즉각적인 만족감을 더 좋아하기 때문이다. 장기적인 목표보다 단기적이고 즉각적인 만족감에 빠르고 민감하게 반응한다. 마약, 흡연, 알코올 등 즉각적으로 쾌락을 주는 것들이 몸에 이롭지 않다는 것을 알면서도 좀처럼 유혹을 떨쳐내지 못하는 이유가 그 때문이다.

스트레스는 편도체를 활성화한다. 편도체는 공포를 비롯한 여러 가지 감정 처리에 관여하는데, 이것이 활성화되면 직면한 위협에 대응할 수 있도록 오랜 세월 동안 진화했다. 미루기 때문에 생긴 스트레스가 편도체를 자극하는 상황에서는 앞으로 더 많은 문제를 일으킨다 해도 당장 만족감을 주는 일에 집중하게 된다.[114] 과거에는 호랑이 같은 맹수에 쫓기는 상황에서 즉각적으로 문제를 해결해야만 몸을 보호할 수 있었기 때문이다.

미루기 습관을 고치기 위해서는 장기적인 노력이 필요하다. 최근 연구에 따르면 새로운 습관을 형성하는 데에는 18일에서 254일이 소요되며, 평균 66일 정도 걸린다. 시간만 흘려보낸다고 해결되는 것이 아니다. 새로운 습관을 들이기 위해 열심히, 꾸준히 노력해야 한다. 그러니 진심으로 미루는 습관을 떨쳐내고 싶다면 앞으로 적어도 두 달은 새로운 전략을 시도하고 역경을 극복할 각오[115]를 다져야 한다.

마이웨이

국내 정상급 선수로 활약하다 일본으로 활동 무대를 옮긴 배선우. 미국이 아닌 일본을 택한 이유는 어릴 적부터 꿈꾸던 무대였다는 이유에서다. 배선우의 선택을 존중하고 응원한다.

골프를 잘할 수 있는 환경인가

확신을 가진 자기류는 확신 없는 정통류를 이긴다.
아놀드 파머 *Arnold Palmer*

운동신경은 타고나기도 하지만, 길러지기도 한다. 최근에는 후천적으로 길러지는 쪽에 무게를 두고 연구하는 학자가 많다. 대부분 신경과학자는 유전적 요소와 환경적 요소가 반반이라고 주장한다.

스웨덴 출신의 심리학자이자 1만 시간의 법칙 이론의 창시자인 안데르스 에릭슨Anders ericsson은 "재능은 유전자보다는 우리의 행위에 따라 결정되며, 특히 집중적인 연습과 동기 부여가 결합해 뇌를 성장시킬 때 더욱 큰 효과를 발휘한다[116]"고 주장했다.

골프 재능도 마찬가지다. 반은 타고나지만, 반은 반복연습으로 발굴하고 단련하면 얼마든지 훌륭한 선수가 될 수 있다. 더구나 골프는 종합적인 운동신경을 갖추어야 잘할 수 있는데, 종합적인 운동신경을 고르게 타고나는 것은 불가능에 가깝다. 골프를 잘하려면 오랜 시간 훈련으로 단련해야 한다. 아직도 "타고난 재능이 없어서 못 하겠다"라면서 포기한다면 핑계로밖에 여겨지지 않는다.

예를 들어서 아기가 걸음을 걷고 수영을 하는 과정은 아주 어릴 적부터 오랜 훈련과 학습을 통해서만 가능하다. 걷기에 도전하는 과정에서는 수많은 실패를 경험하지만, 결국에는 걷기에 성공한다. 사람이라면 누구나 두 발로 걸을 수 있는 능력을 타고나는데, 환경과 훈련방법에 따라서 조금 일찍 걷는 아이와 조금 늦게 걷는 아이가 있다. 골프도 누구나 잘 할 수 있는 운동능력은 지니고 있으나, 환경과 훈련방법에 따라 잘하고 못하는 사람만 있을 뿐이다.

뇌에는 가소성이라는 특성이 있어서 어떤 환경에서 어떻게 단련하고 활용하냐에 따라서 성능이 크게 달라질 수 있다. 골프 재능도 어떤 환경에서 어떻게 발굴하고 단련하냐에 따라 평생 백 타를 깨지 못할 수도 있고, 투어에서 우승을 노리는 프로골퍼가 될 수도 있다. 실제로 투어에서 우승 경험이 있는 프로골퍼 중에는 어릴 적부터 특출난 재능을 보였다는 사람도 있지만, 남다른 재능은 발견하지 못했다는 사람도 상당히 많다. 재능이 후천적으로도 얼마든지 길러진다는 사실에 한 번 더 힘을 실어준다.

뇌 가소성에서 가장 큰 영향을 미치는 것은 환경이다. 특히 몸을 쓰는 능력은 상당히 이른 시기에 뇌의 자각 및 운동영역들이 서로 연결되면서 발달[117]한다. 이른 나이에 시작할수록 발달 속도가 빨라진다. 뇌를 구성하는 과정은 길고 복잡하지만, 나중보다는 초기 단계에 개입하는 것이 확실히 효과적이다. 집을 짓는 동안 건축가의 원래 설계도에서 벗어나기는 비교적 쉽다. 그러나 집이 완성되고 나면 크게 변경을 하는 것은 훨씬 더 어려워진다. 성인이 되어서 외국어를 배우려고 해보았다면 그것이 얼마나 고역인지를 알 것이다.[118]

솜씨 좋은 골프선수로 성장하기 위해서는 골프에 집중할 수 있는 환경에서 지속적이고, 반복적이고, 점진적인 훈련을 받아야 한다. 솜씨 좋은 골프선수란 불필요한 힘과 에너지를 낭비하지 않으면서 강하고 정확한 플레이를 적정 시간에 해낼 수 있는 사람이다. 달리 말하면 어려운 플레이도 쉽게 해내는 선수다.

우리가 부모로부터 받은 유전자는 바꿀 수 없다. 더 탁월한 유전자를 원해도 소용없다. 하지만 환경은 얼마든지 바꿀 수 있다. 어떤 환경에서 얼마나 노력하냐에 따라서 당신의 운명이 완성되는 것이다. 골프를 잘하고 싶다면 골프를 잘 할 수 있는 환경부터 만들어라.

벙커의 존재감

중국 남산 골프장의 벙커들은 곡선미가 있다. 페어웨이 굴곡과 미묘하게 잘 어울리도록 디자인한 것 같다. 동떨어져 있다거나 험악해 보이거나 거칠고 투박해 보이지 않는다.

플레이 기복이 심한 편인가

골프채가 당신을 대신해서 말하게 하라.
타이거 우즈 *Tiger Woods*

골프는 흐름의 게임이다. 좋은 흐름을 타면 연이어 좋은 플레이가 나오지만, 흐름이 끊기면 실수를 연발하거나 기회를 살리지 못한다. 좋은 스코어를 기록하기 위해서는 어떻게든 좋은 흐름을 길게 이어가야 한다.

좋은 흐름을 이어간다는 게 쉬운 일은 아니다. 단 한 번의 실수에도 좋았던 흐름이 끊긴다. 한 번 바뀐 분위기는 좀처럼 되돌아오지 않는다. 라운드 중 좋은 흐름을 오랫동안 이어가고 싶다면 머릿속에 맴돌고 있는 부정적인 생각부터 지워버려야 한다.

부정적인 생각은 꼬리에 꼬리를 물고 이어지며 점점 더 커지는 경향이 있다. 처음에는 어린 꼬마였던 걱정이 생각하면 할수록 더 커져 거인만 해지고 시간이 지날수록 주변 친구들까지 불러모은다. 나중에는 머릿속에 발 디딜 틈도 없이 걱정으로 들어차게 된다.[119] 이것을 눈덩이 효과 snowball effect라고 한다.

뇌는 문제를 증폭시키도록 진화해 왔다. 그렇게 해야 인체의 에너지를 절약하고 위험으로부터 보호할 수 있었다. 불안 또는 위험 요소가 발견되면 꼬리에 꼬리를 물어서 집요하게 위험 요소를 제거해야만 안전을 보장받을 수 있었기 때문이다. 뇌가 사고를 증폭시키는 것에 대해 불쾌하게 받아들일 필요가 전혀 없는 것이다. 불안이 증폭되면 '뇌가 제 할 일을 열심히 하고 있구나'라고 생각하면 된다.

문제는 부정적 사고가 지나칠 경우다. 뇌가 생각할 수 있는 용량은 의외로 적다. 어느 정도 생각이 들어차면 다른 생각은 들어갈 자리가 없어진다. 긍정적인 생각이 들어갈 자리까지 부정적인 생각이 모조리 차지하고 있으면 뇌는 정상적으로 가동하지 못한다. 부정적인 생각들로 인해 판단력이 흐려져서 운동 경기는 물론이고 일상생활도 불가능할 만큼 두려움과 초조함, 공포에 휩싸이게 된다.

부정적인 생각을 증폭시키지 않으려면 처음부터 부정적인 생각을 하지 말아야 한다. 퍼트 라인을 읽어야 하는 골프선수라면 "왼쪽으로 퍼팅하지 말자"가 아니라 "가운데로 치자"라고 생각해야 한다.[120] 심리학에서는 이것을 프레이밍 효과Framing effect라고 한다. 같은 정보라도 그것이 제시되는 방식이나 표현 방법에 따라 사람들의 선택이나 판단이 달라지는 현상이다. 티샷 시에는 "오른쪽 벙커 쪽으로 가면 안 되는데"가 아니라 "페어웨이로 보내자"라고 생각해야 하고, 그린 공략 시에는 "턱을 못 넘기면 큰일인데"가 아니라 "그린에만 올리자"라고 생각하는 것이다.

긍정적인 생각도 습관이다. 평소 긍정적인 생각을 많이 하는 사람은 경기 중에도 긍정적인 생각을 많이 떠올린다. 그렇지 않은 사람은 경기 중에 난데없이 부정적인 생각이 불쑥 튀어나올 가능성이 매우 크다.

긍정적인 생각을 꽃피우는 가장 좋은 방법은 평소 바르고 당당한 자세를 유지하는 것이다. 앉아 있을 때나 일어날 때나 걸을 때도 바른 자세를 유지해야 한다. 구부정하거나 삐딱한 자세를 하고 있으면 긍정적인 생각을 하기가 어렵다. 바른 자세로 앉고 서는 것은 긍정적인 사고를 불러온다. 고개를 들고 정면을 응시하면[121] 긍정적 사고가 확산함은 물론이고 자신감도 붙는다.

캐디가 안 볼 때

캐디 뒤에서 개구쟁이처럼 포즈를 취해 보이는 박주영. 경기가 안 풀려도 카메라만 보면 개구쟁이가 된다. 2017년 BMW 레이디스 챔피언십이 열린 인천 스카이72 골프장에서.

반복연습을 얼마나 했는가

그 사람의 진정한 성격을 알고 싶다면 함께 골프를 하라.
월터 헤이건 *Walter Hagen*

닥치고 연습이다. 연습만이 살길이다. 연습하지 않고 숙련된 기술을 습득할 수 없고, 훌륭한 선수도 될 수 없다. 연습을 거치지 않고 잘하는 방법은 없다. 대체불가다.

어릴 적부터 타고난 재능에 의지하면 나태함, 게으름 같은 나쁜 습관이 몸에 밸 가능성이 크다. 모든 인간에겐 놀라운 수준까지 운동능력을 끌어올릴 수 있는 잠재력이 있다. 재능이 돋보이는 건 어릴 적 한순간이다. 모든 사람에겐 재능을 뛰어넘을 충분한 기회가 있다. 그 기회를 활용해 어디까지 날아오를 것인가는 각자의 노력에 달렸다. 제자리에 머무를 것인가. 훨훨 날아오를 것인가.

대니얼 코일은 『탤런트 코드』를 통해서 타고난 재능과 후천적 노력에 대해 역설했다. 탤런트 코드는 미엘린Myelin

이라는 신경 절연 물질을 비롯해 과학계에서 발견된 혁명적 이론과 사례들을 모아서 소개한 책이다.

미엘린은 신경섬유를 감싸는 역할을 한다. 전기신호가 새지 않도록 구리선을 고무 피복으로 감싸서 신호를 더 강하고 빠르게 만드는 원리와 같다. 골프 스윙을 연습하거나 악기 연주 연습을 할 때 회로에 정확한 신호가 발사되면, 미엘린이 신경 회로 주위를 겹겹이 감싸면서 절연층을 만든다. 한 겹 한 겹 늘어날 때마다 조금씩 실력이 향상되고, 속도도 빨라진다. 미엘린 층이 두꺼워질수록 절연 효과가 커지며, 우리의 생각과 동작도 더 빠르고 정확해진다.[122] 인간의 몸은 노력한 만큼, 단련한 만큼 빠르고 유연하면서 정확하고 단단하게 성장하도록 설계된 것이다.

캐나다 출신 프로골퍼 모 노먼Moe norman은 1960~1970년대 PGA 투어에서 활동하면서 무려 17번의 홀인원을 기록할 만큼 기계적이고 정교한 스윙을 자랑했다. 공식 대회에서 59타를 세 번이나 적어냈을 정도다. 당시 그는 프로골퍼 사이에서 '세계에서 가장 정확한 볼 스트라이커'로 인정받았지만, 대중에게는 널리 알려지지 않았다. 공식 대회 우승이나 큰 대회에서 이렇다 할 성적이 없었기 때문이다.

놀라운 건 그가 어릴 적부터 자폐증을 앓고 있었다는 사실이다. 교통사고를 당해 성격 장애까지 생긴 것으로 추정

된다. 낯선 사람과 만나는 것을 불편해했고, 모르는 사람과 눈을 마주치는 것을 어려워했다. 결혼은 하지 않았고, 누군가와 진지한 인간관계를 맺는 것에도 관심이 없었다. 골프 외에는 어떤 것에도 관심을 보이지 않았다.

그랬던 그가 골프 연습에 심취하면서 놀랄 만한 일이 일어났다. 매일 손바닥에 피가 날 때까지 공을 쳤다. 피가 장갑과 그립을 적셔서 미끄러지면 수건으로 닦고 다시 공을 치는 일에 몰입했다. 100타를 깨는 데도 수년이나 걸렸던 그였지만, 열아홉 살이 되던 해부터는 어디서든 원하는 곳에 공을 떨어트릴 수 있는 경지에 이르렀다.

타이거 우즈는 2005년 《골프매거진》과의 인터뷰에서 모 노먼에 대해서 이렇게 말했다.

"자신만의 스윙을 가진 선수는 이 세상에 단 두 명뿐이었다. 한 명은 모 노먼이고, 다른 한 명은 벤 호건이다."

두려움의 크기

벙커가 두려운 이유는 벙커에서 플레이할 준비가 되어 있지 않기 때문이다. 벙커가 특별히 어려운 해저드라서가 아니라 나 자신에게 문제가 있는 것이다. 벙커에 대한 두려움이 클수록 벙커에서 플레이할 준비가 덜 되어 있다는 뜻이다.

골프를 독학하고 있는가

골프는 멋진 교훈을 주는 게임이다. 그 첫째는 자제, 즉 불운도 감수하는 미덕이다.
프란시스 위멧 *Francis Ouimet*

골프 스윙을 혼자서 익히는 건 어려운 일이다. 산전수전을 다 겪은 프로골퍼도 골프 독학은 권하지 않는다. 골프 스윙의 수많은 메커니즘을 혼자서 익히기 위해서는 너무나도 많은 시간을 허비해야 하기 때문이다. 가까운 길을 놔두고 일부러 먼 길로 돌아가는 것과 같다. 독학으로 자신이 정한 목적지까지 도달했다고 해도 허비한 시간과 체력을 생각하면 큰 손해를 본 것이다.

열심히 하냐 마냐의 문제가 아니다. 잘못된 방법으로 열심히 하면 오히려 더 손해다. 잘못된 스윙궤도를 뇌에 깊이 각인시켜 장기기억에 저장하면 나중엔 고치기도 어렵다. 고치더라도 무의식중에 이전의 잘못된 스윙이 튀어나온다. 잘못된 움직임이 장기기억에 저장되었으니 아주 오랫동안 당신을 괴롭힐 것이다. 결정적인 순간에 어처구니없는 실수를 하거나 난데없이 잘못된 스윙이 나오는 데에는 다 이유가 있다. 그런 연습은 안 하니만 못하다.

운동을 효율적으로 하기 위해서는 정확한 스윙을 반복연습해야 한다. 단 몇 차례만 스윙 연습을 하더라도 정확한 자세로 실행해야 한다. 그러려면 당신의 잘못된 스윙 동작을 바로잡아줄 코치가 곁에 있어야 한다. 그렇게 해야 학습효과가 올라가 먼 길을 돌지 않고 목적지까지 최단기간에 갈 수 있다. 대니얼 코일은 『탤런트 코드』에서 목적에 정확히 맞는 노력이 학습 속도를 열 배나 증가시킨다고 역설했다.

메릴랜드 베데스다의 미국국립보건원NIH 발달신경생물학연구소 소장 더글러스 필즈Douglas fields는 한국 여자골프 선수들의 미엘린 층은 다른 나라 선수들보다 두터울 것으로 예측했다. 골프 경기에서 꼭 필요한 근육만 집중적으로 발달시켜서 골프에 최적화된 신체와 감각을 만들었다는 것이다.

그가 이 같은 주장에 근거로 내세운 것은 한국 여자 선수들이 하나같이 교과서적이고 아름다운 스윙을 한다는 점이었다. 유능한 코치를 중심으로 목적에 맞는 반복연습을 집중적으로 실행한 결과라는 게 더글러스 필즈의 주장이다.

골프를 혼자서 익히기 어려운 또 다른 이유는 다른 운동이나 신체활동과 비교해 뇌의 기능과 역할이 다르다는 점이다. 글쓰기 · 코미디 · 축구 같은 스킬의 회로는 유연하다. 이러한 스킬을 발달시키려면, 유동적으로 변화하는 장애물에 대처하기 위해 그때그때 적당한 회로를 골라낼 수 있는 수천 개의 회로가 있어야 한다. 반면에 골프나 체조, 피겨 스케이팅, 악기 연주 같은 스킬의 회로는 일관적이다. 이러한 스킬은 이상적인 동작의 기본적인 요소를 반복적으로 만들어낼 수 있는 탄탄한 테크닉에 전적으로 의존한다. 골프 · 스케이트 · 체조 분야에서 독학한 사람이 세계적인 수준에 도달하기 어려운 이유는 바로 이 때문이다.[123]

숨은 꽃들 찾기

골프장에는 우리가 알고 있는 것보다 훨씬 많은 꽃나무가 있다. 플레이어의 눈에는 잘 보이지 않는다. 열심히 공만 쫓다 보면 선물 같은 풍경과 아름다운 꽃들은 그냥 지나쳐버린다.

닮고 싶은 사람이 있는가

골프는 고요한 노래처럼 감동을 준다.
하비 페닉 *Harvey Penick*

PGA 투어 선수들의 플레이를 보고 있으면 감탄사가 절로 난다. 수준이 달라도 너무 달라 보인다. 따라 하고 싶어도 따라 할 수가 없다. 엄청난 비거리를 자랑하면서도 그 좁은 페어웨이를 벗어나지 않는다. 그린 주변에선 어떤가. 어떤 상황이라도 위력적인 샷을 만들어낸다. 러프나 벙커에 들어가도 어렵지 않게 헤쳐나온다. 그들의 플레이를 TV 화면으로만 보면 참 쉬워 보인다. 골프가 쉬운 운동이라는 착각이 들기도 한다. 직접 필드에 나가서 따라 해보면 그들이 얼마나 대단한 플레이어인지를 알게 된다. 부러우면서도 존경스러운 마음이 든다.

부러움이 부러운 마음으로 그치면 발전이 없다. 부러워하는 것에 그치지 말고 그 선수를 그대로 따라 해보라. 그들의 스윙 동작이나 루틴은 물론이고 선수들이 경기 중에 하는 모든 행동을 따라 하거나 참고하면서 유명 프로골퍼가 된 착각에 빠져봐도 좋다. 그들의 행동 하나하나를 유심히 관찰하고 최대한 비슷하게 흉내 내보는 것이다.

인간은 롤 모델이 생기면 뇌에서 강렬한 정서적 반응이 일어난다. 롤 모델이 있는 것만으로도 동기 부여가 샘솟고, 의욕과 열정이라는 동력이 만들어진다. 동력은 에너지를 만들고, 그 에너지는 체력과 기술 습득 속도를 빠르게 한다. 심리학에서는 이것을 미러링 효과 Mirroring effect라고 한다. 사람들은 자기도 모르게 자신이 좋아하고, 흠모하고, 믿고 따르는 사람의 영향을 받는다.[124]

그렇다면 망설일 게 없다. 프로골퍼 중에 롤 모델이 있다면 그 사람의 스윙과 플레이는 물론이고 행동 하나, 말 한마디라도 따라 해보라. 롤 모델을 만들고 그를 따라 하는 데는 특별히 돈이 들지 않는다. 밑져야 본전이다.

따라 하는 것을 넘어 모방하고 훔쳐라. 골프 스윙에서는 백스윙톱에서 오른팔이 어떻게 움직이고, 다운스윙에서는 체중이 어떻게 이동하는지, 임팩트 순간에는 몸통이 어떻게 회전하는지 등을 가능하면 구체적으로 훔쳐라. 기술적인 것이 아니어도 상관없다. 하다못해 경기 중에 과일을 꺼내먹는 행동이라도 좋다. 배가 고프거나 목이 마르지 않아도 무작정 따라 해보라.

미러링 효과를 믿고 안 믿고의 문제가 아니다. 미러링 효과라는 용어를 굳이 알아야 할 이유도 없다. 중요한 건 열망이다. 당신이 롤 모델을 닮아가고 싶다면 이런 사소한 것까지 따라 하고 모방하려는 열정이 있어야 한다. 누군가의 행동을 모방하는 데 죄책감이나 부끄러움을 느낄 필요는 없다. 우리가 잘 아는 모든 스타 선수들도 자신들의 롤 모델을 모방하고 훔치면서 자신의 것으로 가공하고 발전시켜왔다. 만약 성공으로 가는 지름길이 있다면, 그중 하나일 것이다. 고맙게도 우리 뇌는 그것에 긍정적이며 적극적으로 돕는다. 반드시 그에 대한 보상이 따른다.

괜찮아

2018년 5월, 교촌 허니 레이디스 오픈을 하루 앞둔 김해림이 연습 도중 난감한 상황을 경험했다. 골프화가 그물에 엉켜버린 것. 김해림은 괜찮다는 듯 웃으면서 실마리를 풀고 있다.

주변에 잘하는 사람이 있는가

위대한 플레이어의 척도는 다양한 실수를 얼마나 극복하느냐다.
P.G 우드하우스 *P.G. Wodehouse*

골프를 잘하고 싶다면 골프를 잘하는 사람들과 어울려라. 당연하면서도 대단히 중요한 이야기다. 잘하는 집단에서는 늘 좋은 인재가 나오는 반면에 못하는 집단에선 좀처럼 인재가 나오지 않는다. 잘하는 집단과 못하는 집단의 분위기가 너무나도 분명하게 다르기 때문이다.

잘하는 집단에서 운동하면 첫째, 서로 좋은 점을 배우고 따라 하면서 유익한 정보를 공유할 수 있다. 둘째, 건전한 질투심을 가지게 된다. 셋째, 좋은 분위기 속에서 연습에 몰입할 수 있다. 넷째, 보는 눈이 높아지고 목표를 크게 잡게 된다. 다섯째, 자연스럽게 동기 부여가 생긴다. 여섯째, 긍정적으로 생각하게 된다.

이런 분위기 속에서 운동하는 사람들의 뇌는 '아직 부족하니 더 분발해야 한다'라는 신호를 보낸다. 그 신호는 적당한 긴장감으로 나타나고, 적당한 긴장감은 높은 집중력과 기술 향상이라는 결과를 낳는다.

한국 여자골프 선수들이 좋은 예다. 박세리를 필두로 LPGA 투어 우승이 쏟아져나오면서 높디높았던 세계의 벽이 허물어졌다. 많은 선수가 "박세리가 할 수 있다면 나도 할 수 있다"라면서 긍정적이고 도전적으로 LPGA 투어에 뛰어들었다. 한국 여자 선수들은 얼마 지나지 않아 세계 최강이라는 수식어를 얻었다.

반대로 못하는 집단에서 운동하면 패배감에 익숙해진다. 패배를 쉽게 받아들인다. 팀 분위기는 늘 가라앉아 있고, 주로 부정적인 이야기가 오간다. 부정적인 말이나 생각은 전염성이 강해서 서로의 열망을 꺾어버린다. 장기간 이런 집단이나 동료 옆에서 운동하는 사람의 뇌는 끊임없이 자기 합리화하는 데 에너지를 쏟는다. '내 탓이 아니야', '어쩔 수 없잖아', '환경이 이런 걸 어떻게 하겠어'라면서 그럴싸한 핑곗거리를 던져준다. 운동하면서 체력과 기술 향상을 위해 쏟아야 할 에너지를 엉뚱하게 자신을 합리화하는 데 허비한다.

뇌는 자신의 잘못을 인정하는 순간 나타날 불안감을 회피하기 위해서 인지왜곡Cognitive distortion을 선택하기 때문이다. 인지왜곡이란 자신이 처한 현실과 상황을 제대로 인지하지 못하는 현상을 뜻하는 심리학 용어다. 인지부조화와 맥이 같다. 뇌가 던져준 신호에 반응하고 안 하고는 당신의 선택이지만, 대부분 뇌의 신호에 맞장구를 치면서 현실을 부정하고 외면한다. 그럴수록 상황은 더 악화한다. 방법은 한 가지뿐이다. 뇌가 불필요한 곳에 자기합리화할 일이 없는 상태를 만들면 된다. 못하는 사람들을 멀리하고 잘하는 사람들과 어울려라.

슬금슬금

다람쥐 한 마리가 코스에 슬금슬금 들어왔다. 사람들 눈을 피해 먹이를 찾아 내려온 것 같다. 작은 소리에도 달아날 것 같아서 숨을 죽이며 조심스럽게 카메라에 담아본다.

정체기인가

초보자의 큰 결점은 좋아하는 샷만 연습하고 싫어하는 샷은 연습하지 않는다는 점이다.
버나드 다윈 *Bernard Darwin*

골프는 장기적으로 멀리 내다보고 해야 한다. 마음이 앞선다고 해서 몸이 곧바로 반응하고 따라가지 않는다. 벼락치기로는 골프 실력을 키울 수 없다. 스코어를 도둑질할 수도 없다. 노력한 만큼 투자한 만큼 조금씩 천천히 거둬들여야 한다. 그것이 골프의 매력이자 어려운 점이다.

재밌기만 하던 골프가 어느 정도 실력이 향상되면 한계점에 부딪힐 때가 있다. 예를 들면 80대 타수까지 거침없이 치던 사람이 더는 실력이 향상되지 않고 제자리를 맴도는 경우다. 마음은 급한데 공이 말을 듣지 않는다. 이런 현상을 플래토 이펙트 Plateau effect라고 한다. 대개 운동 시작 초기 단계에서 나타난다. 신체적·심리적·환경적 요인에 의해 저조한 성적을 보이는 슬럼프와는 다르다.

플래토 이펙트를 그래프로 나타내면 고원高原처럼 평평한 모양이 나온다고 해서 고원현상이라고도 한다. 처음 골프를 시작했을 때 자극을 받으면서 빠르게 성장하던 뇌 신경들이 그 자극에 익숙해져 같은 자극으로는 더는 반응을 하지 않는 단계에 이른 것이다.

플래토 이펙트를 경험하는 대부분 사람은 재능을 놓고 심각하게 고민한다. '난 골프에 재능이 없나?'라는 고민에 빠지기 시작하면 골프는 더 어려워진다. 이런 쓸데없는 고민은 운동하는 데 아무런 도움이 되지 않는다. 재능은 스스로 발굴하고 만들어가는 것이다. 재능의 크기는 각자의 노력에 달려 있다. 그러니 재능이 '있네', '없네'로 고민하는 건 음식을 앞에 두고 먹는 데 재능이 '있네', '없네'로 고민하는 것과 다르지 않다. 시간 낭비다.

플레토 이팩트는 종목과 사람을 가리지 않는다. 야구든 축구든 골프든 상관없이 어떤 운동을 심층적으로 하는 사람에겐 반드시 나타난다. 정체기 없이 프로골퍼가 되는 사람은 이 세상에 단 한 명도 없다. 정체기를 얼마나 짧게 줄이냐가 관건이다. 이 역시 각자의 노력에 달려 있다.

플로리다 주립대학의 심리학 교수이자 『전문적인 지식과 행위에 대한 케임브리지 안내서Cambridge Handbook of Expertise and Expert Performance』의 공동저자인 안데르스 에릭슨Anders ericsson의 연구에 따르면, 정체기를 극복하는 가장 좋은 방법은 자신을 더 밀어붙이는 것이다. 연습방법을 바꿔서 자신의 자동항법장치를 방해해 빠르고 더 나은 회로를 재건설[125]해야 한다. 평상시보다 연습량을 늘리고, 속도를 끌어 올리고, 중량을 늘리면서 전체적인 강도를 높게 설정하는 방법이 일반적이다. 이렇게 해야 하는 이유는 골프를 처음 시작했을 때와는 내부적으로 많은 변화가 일어났기 때문이다. 성장기에 몸이 커지면서 어릴 적 입던 옷이 몸에 맞지 않는 것과 같은 현상이다.

주의할 점도 있다. 운동 강도를 높이는 것만이 정답이라고 할 수는 없다. 정확한 문제점을 찾아낼 때까지 반복횟수를 늘리는 것은 상당한 위험이 따른다. 속도를 늦춰서 평상시 발견하지 못했던 오차나 잘못된 동작을 찾아내는 것이 더 중요하다. 일생에 발휘할 수 있는 체력과 열정에도 한계가 있으니 운동 시간을 무턱대고 늘리는 것도 신중하게 생각해야 한다. 그보다 단기간에 최대의 몰입을 할 수 있도록 연습방법과 습관부터 고치는 것이 바람직하다.

보이는 게 전부는 아냐

산이 있는 쪽은 높아 보이고, 바다가 있는 쪽은 낮아 보인다. 벙커 턱을 넘기면 내리막 경사를 따라서 바닷물 속으로 떨어질 것만 같다. 그건 착시일 뿐이다. 벙커에서 나와 실제 경사도를 살펴보면 평지에 가깝다. 보이는 것이 전부는 아니다.

그린 주변 플레이에 자신감이 있는가

진짜 굿샷이란 최대의 위기에서 가장 필요한 때의 좋은 샷을 말한다.
바이런 넬슨 Byron Nelson

그린 주변 쇼트 게임만 잘해도 스코어는 눈에 띄게 좋아진다. 파4홀에서 드라이버샷을 페어웨이에 떨어트리고 두 번째 샷을 그린 주변까지 보낼 수 있다면, 이후는 쇼트 게임 결과에 따라 스코어가 결정된다. 프로골퍼와 아마추어 골퍼의 실력 차이는 대부분 그린 주변에서 판가름이 난다.

대부분의 아마추어 골퍼는 자신 있는 클럽으로 어프로치를 시도한다. 핀에서 가까울수록 짧은 클럽을, 멀수록 긴 클럽을 사용하는 경향이 짙다. 핀에서 가까운 거리에서 샌드웨지로 띄워서 붙이려는 시도가 대표적인 예다. 그것은 실패 가능성을 키우는 시도다.

대다수 프로골퍼는 핀에서 가까운 거리라도 굴리는 어프로치를 한다. 상황에 따라서는 8번이나 9번 아이언으로 굴리기도 한다. 만약 그린이 가깝지만, 핀은 그린 구석에 있다면 캐리가 짧은 샷을 시도해야 유리하다. 방향만 맞으면 컵에 들어갈 가능성이 크기 때문에 실패 가능성을 줄이는 방법이다. 상황에 따라서는 그린 밖에서 퍼터로 굴리는 자신감도 필요하다.

벙커샷은 어드레스부터 스윙 방법까지 총체적인 문제점을 안고 있는 사람이 많다. 국내에는 벙커샷을 연습할 만한 장소가 마땅치 않은 까닭이다. 골프장은 물론이고 연습장에서도 벙커샷을 연습하기는 어렵다. 그래서 대부분 아마추어 골퍼는 벙커샷에 약점이 있다. 공이 벙커에 들어가면 이미 스코어를 잃은 사람처럼 탄성이 터져 나온다.

공이 벙커에 들어간 것 자체가 문제는 아니다. 벙커에서 잘못된 방법으로 스윙하는 것이 문제다. 대부분 아마추어 골퍼는 벙커에서 잘못된 스윙을 한다. 페이스를 완전히 열어서 치라고 강조해도 열지 못하고 닫아놓고 강하게 친다. 벙커에서 공을 띄우려면 페이스를 완전히 열고 인사이드로 들어와 인으로 쳐야 한다.

쇼트게임에서는 이 두 가지만 잘해도 스코어가 안정될 가능성이 크다. 특히 벙커샷에 자신감이 있는 사람은 코스 공략이 쉬워진다. 굳이 벙커를 피해갈 이유가 없어서 과감하게 그린을 공략할 수 있다.

그러나 아마추어 골퍼 대부분은 그린 주변 쇼트 게임이 서툴다. 좀처럼 아마추어 티를 벗지 못한다. 이유는 간단하다. 그린 주변에서 굴리는 시도나 벙커에서 페이스를 완전히 오픈하는 동작에는 위화감이 따르기 때문이다.

뇌는 지극히 보수적이고 방어적이라고 설명했다. 기존의 경험이나 방법과 다르면 불안하다는 신호를 보낸다. 그린 주변에서 굴리거나 벙커에서 페이스를 완전히 오픈하는 동작이 옳다는 것을 잘 알면서도 무의식적으로 움츠러들어 자신도 모르는 사이에 스윙이 정상 궤도에서 벗어난다. 결국, 연습 부족이 원인이다.

기존 경험이나 방법들로 인해 생기는 위축감을 억제하려면 정확한 동작으로 더 많은 반복연습이 필요하다. 벙커에 들어가면 의식적으로 페이스를 오픈하지 않아도 무의식으로 페이스를 열고 스윙할 수 있도록 뇌에 깊이 각인시켜야 한다. 장기간 반복적이고 꾸준한 심층 연습으로 뇌를 길들여야 한다.

다시 없을 명캐디

김보경의 아버지 캐디 김정원 씨. 한국 여자골프에 다시 없을 명캐디다. 골프는 전혀 몰랐지만, 캐디로서 업무 수행 능력은 국보급이었다. 묵묵히 딸 곁을 지켜온 진짜 부산 사나이였다.

필드 경험은 많은가

연습장은 기술을 닦는 곳이고, 코스는 스코어를 내는 방법을 배우는 곳이다.
진 리틀러 *Gene Littler*

골프를 잘하려면 골프장에서 자주 라운드해야 한다. 틀림없는 사실이다. 연습장에서 아무리 많은 공을 치면서 연습해도 실전 경험이 부족하면 능숙해질 수 없다. 이유는 간단하다. 골프는 골프연습장이 아닌 골프장에서 하는 게임이기 때문이다. 한 번이라도 필드 경험이 많은 사람은 그만큼 유리하다.

스크린골프도 마찬가지다. 스크린에서 아무리 잘 쳐도 골프 실력이 좋아지기는 어렵다. 골프장에서 많이 플레이해본 사람이 골프를 잘하듯이 스크린골프도 스크린 앞에서 많이 쳐본 사람이 잘 친다. 스크린골프대회를 휩쓸던 선수가 프로골프 투어에 나가면 좀처럼 예선도 통과하지 못하거나 아마추어 골퍼가 스크린에서 프로골퍼에게 압승하는 일이 종종 벌어지는 이유가 그것을 입증한다.

뇌는 학습을 통해서 경험과 정보를 저장한다. 골프장에서 라운드할 때도 뇌는 새로운 경험과 정보들을 받아들인다. 하지만 한 달에 한두 번씩 라운드해서는 축적된 경험과 정보들을 장기기억으로 보내지 못한 채 단기기억에서 잃어버리고 만다. 골프 실력을 키우기에는 사실상 효과가 없는 셈이다. 최소 주 2~3회 이상 라운드해야만 뇌에 저장된 경험과 정보 중에 일부라도 장기기억으로 보내고, 그것들을 토대로 문제를 해결해나갈 수 있다. 라운드 횟수가 늘어날수록, 다시 말해 골프장에서 반복적으로 학습할수록 학습 효과가 좋아진다.

반면에 골프연습장에서 스윙 연습에만 몰두하고 필드에 나가지 않는 사람은 골프장에서 시시때때로 발생하는 문제들을 해결할 힘을 기르지 못한다. 아무리 샷이 좋아도 필드에서는 만족스러운 스코어가 나오지 않는다.

골프장에 많이 나가야 좋은 플레이를 할 수 있다는 사실을 모르는 사람은 없다. 사정상 그러지 못할 뿐이다. 환경을 바꿀 수 없다면 연습방법이라도 변화를 시도하라. 미니 홀이라도 쇼트 게임을 충분히 연습할 수 있는 장소를 자주 찾아 그린 주변 어프로치를 심층 연습하면 좀 더 효과적으로 기술을 습득할 수 있다. 벙커가 있는 미니 홀이라면 벙커샷까지 심층적으로 연습할 수 있어 더 좋다. 국내보다 연습 환경이 좋은 해외 골프장에서 라운드할 수 있다면 벙커와 그린 주변을 충분히 활용해야 한다. 모처럼 주어진 기회에서 달랑 정해진 라운드만 소화하면 연습 효율성은 떨어지고 실력은 향상되지 않는다.

앞서 설명한 것처럼 골프장은 어쩌다 가끔 나가는 것보다 짧더라도 자주 가는 것이 좋다. 단 한 시간만 라운드하더라도 매일 나가서 연습하는 것이 훨씬 효과적이다. 골프장에 나가지 않고서 골프를 잘할 방법은 없다. 불가능한 일이다. 사정상 주 1회 이상은 도저히 골프장에 갈 수 없다면 라운드 후 운동일지를 쓰거나 복기를 하면서 그날의 라운드를 꼼꼼히 점검해보는 것이 좋다. 라운드의 기억과 여운이 최대한 그대로 남아 있을 때 실수를 되짚어보면서 반성하는 시간을 갖는 것이 최소 라운드로 최대 효과를 이끌 수 있는 유일한 방법이다.

잘 맞는 캐디

세상에서 가장 훌륭한 지도자가 나와 잘 맞는 사람이라면 캐디도 나와 잘 맞는 사람이 세상에서 가장 훌륭한 캐디다. 나와 잘 맞는 캐디를 만난다는 건 큰 축복이다. 박성현과 그의 캐디.

실전에 유난히 약한 편인가

골프는 인생의 반사경이다. 티샷에서 퍼팅까지의 과정이 바로 인생 항로다.
윌리엄 셰익스피어 *William Shakespeare*

실전에 유난히 약한 사람이 있다. 연습 땐 펄펄 날 듯이 굿샷을 연발하다가 실전에만 들어가면 기를 펴지 못한다. 경기 내내 위축된 모습을 보인다. 스윙도 평소와 달리 경직된 모습이 역력하다. 연습 때처럼 즐기면서 플레이하려고 노력해봤지만, 막상 실전에 들어가면 효과가 없다.

실전에 약한 사람은 우리 주변에서 흔히 볼 수 있다. 정확히 말하면 실전에 강한 사람은 극소수다. 대다수가 실전에선 연습 때만큼 실력을 발휘하지 못한다. 지극히 당연한 현상으로 받아들여도 좋다. 실전은 연습과 달리 긴장감이 고조되고 스트레스가 증가하며 변수나 돌발상황이 많아서다.

실전에 약한 사람도 여러 종류가 있다. 실전 경험이 부족한 사람, 연습이 부족한 사람, 자존감 또는 자신감이 부족한 사람, 실전과 동떨어진 환경에서 연습하는 사람, 긴장감이 유난히 많은 사람 등이다. 대부분 연습량을 늘리거나 연습 방법을 개선하고 실전 경험을 많이 쌓으면 해결된다. 하지만 긴장감이 유난히 많은 사람은 연습량을 늘리고 실전 경험을 많이 쌓아도 연습 때처럼 좋은 플레이를 하지 못할 가능성이 크다. 뇌 신경이 선천적으로 예민한 사람은 작은 환경 변화에도 불안과 긴장이 크게 확산하기 때문이다.

불안은 정신을 왜곡하고 신체까지 망가뜨린다. 그럴 때면 우리는 상황을 있는 그대로 보지 못한다. 공포에 휩싸여 아드레날린이 뇌의 곳곳에 스며들어 있을 때면 세상은 사방에 위험이 도사리는 지옥이 된다. 이렇듯 불안의 결과는 극도로 파괴적이다. 불안은 우리가 시도하는 모든 것을 궤도에서 탈선시키는 잠재력을 지니고 있다.[126] 이 역시 뇌가 몸을 위험으로부터 보호하기 위해 오랜 세월 진화에 진화를 거듭한 결과다. 불안이라는 감정을 느끼는 것은 지극히 당연하다. 즉, 불안은 막을 길이 없다. 그러나 불안을 막을 수 없다면 시시때때로 찾아오는 불안에 슬기롭게 대처해야 한다.

불안을 떨쳐내기 위한 가장 좋은 방법은 연습을 실전과 똑같은 환경에서 하는 것이다. 실전이 낯설지 않을 만큼 최대한 실전과 똑같은 환경을 조성하거나 실전 코스 라운드 경험을 늘리는 것이다. 실전과 같은 연습에 익숙해진 뇌는 실전에 들어가도 낯설다는 신호를 보내지 않는다. 당연히 긴장감이 덜해서 연습 때처럼 좋은 플레이를 할 수 있다.

스트레스를 스트레스로 다스리는 방법도 있다. 백신을 맞듯이 평소 극소량의 스트레스를 일부러 경험하면서 스트레스에 익숙해지도록 하면 실전의 극심한 스트레스에도 무덤덤해진다는 연구 결과가 있다. 연습에서도 긴장감이나 압박감이 느껴지도록 훈련하면 몰입도가 올라가면서 연습 효율도 좋아진다. 그렇게 훈련하면 실전에서는 오히려 긴장감과 압박감을 덜 느끼게 된다.

"이건 연습이야"라면서 자기 암시를 하거나, 복식호흡으로 호흡을 안정시키고, 경기 내내 여유 있게 웃는 모습을 보이는 것도 효과적이다. 연습 때부터 루틴을 만들어 실전에서도 똑같은 루틴을 실행하는 것도 큰 도움이 된다. 당당하고 빠르게 걷고 자신감 있는 포즈를 취해 보이는 것 역시 긴장감을 누그러트리는 데 효과가 있다.

공이 안 맞는 날에는

공이 안 맞는 날에는 애꿎은 코스 탓을 하고, 캐디 탓을 하고, 장비 탓을 한다. 그것이 불행의 시작이다. 한 번 부정적인 생각을 품기 시작하면 급속도로 확산해서 나중엔 막아내기도 어렵다. 좋지 않은 코스라도 이곳이 가장 좋은 코스라고 생각하라. 세상에서 가장 훌륭한 캐디와 가장 좋은 장비로 라운드하고 있다고. 중국 남산 골프장에서.

골프가 즐겁지 않은가

장갑을 벗기 전까지 포기해선 안 된다.
박세리 *Pak Se Ri*

운동이 건강에 좋다는 사실을 모르는 사람은 거의 없을 듯하다. 몸과 마음을 단련해서 건강한 삶을 유지하도록 도와준다. 긴장을 풀어주고, 우울과 불안에 대항하면서, 음식과 알코올에 대한 갈망을 낮춘다.[127]

운동 중에서도 골프는 건강한 삶과 가장 잘 어울린다. 아름다운 자연경관을 벗 삼아 플레이하는 즐거움은 힐링 그 자체다. 운동 강도가 그렇게 강하지도, 약하지도 않으면서 운동 효과는 탁월하다. 사교적인 운동이므로 정신 건강에도 매우 유익하다. 그래서 남녀노소 누구라도 골프에 한 번 빠지면 헤어나기가 쉽지 않다. 골프의 중독성은 마약과 비견되기도 한다.

골프에 몰입하면 스코어 전쟁이 시작된다. 한 타라도 더 줄여보겠다고 거금을 투자해서 손바닥이 벗겨지고 피가 날 때까지 맹연습이다. 땀은 배신하지 않는다면서 훈련 강도를 높여 더 낮은 스코어에 도전한다. 실력이 향상되면 라운드를 나갈 때마다 기록을 세우고 돌아온다. 그럴수록 골프에 더 몰입하고 더 높은 강도의 훈련을 자처한다.

그러나 운동 강도를 높일수록 주의할 점이 많다. 지나칠 만큼 강도 높은 훈련은 건강에 이롭지 않을 가능성이 크다. 건강을 위해 시작한 운동이 오히려 건강을 해친다. 적당한 강도의 운동은 근육과 뼈를 튼튼하게 할 뿐만 아니라 스트레스를 차단해서 기분을 좋게 하지만, 운동 강도가 과하면 스트레스가 과하게 늘어나 정신 건강에 악영향을 준다.

뇌는 업무로 인한 스트레스와 운동으로 인한 스트레스를 구분하지 못한다. 적당한 강도로 운동할 때는 몸에 이로운 호르몬을 다량으로 분비하지만, 아주 높은 강도의 운동은 힘든 노동으로 받아들인다. 만성 스트레스를 경험하는 사람들이 강도 높은 운동을 했을 때 회복하는 데 더 오랜 시간이 걸리는 이유[128]가 그것이다.

매일 강도 높은 훈련을 하면 운동할 때마다 분비되던 엔도르핀이 더는 공급되지 않는 것도 원인이다. 운동하는 동안 엔도르핀은 근육에 공급되는 신경에서 분비된다. 엔도르핀은 분비되는 동안 근육의 통증을 누그러뜨리는 작용을 한다. 이때 엔도르핀은 두뇌로 가지 않고 신체 내에 머물러 있다. 따라서 운동 시의 엔도르핀은 기분에 영향을 주지 못한다. 운동 후 기분이 상쾌해지는 현상은 두뇌에 있는 엔도르핀과 더불어, 노르아드레날린과 세로토닌의 작용일 가능성[129]이 크다.

오래된 통계자료이지만, 김종인 원광대 보건복지학부 교수팀이 직업별 평균수명을 조사한 결과에 따르면, 운동선수는 다른 직업군에 비해 평균수명이 현저히 짧다. 종교인이 80세로 가장 높은 평균수명을 기록했고, 정치인(75세), 교수(74세), 기업인(73세), 법조인(72세), 고위공직자(71세) 순이다. 운동선수의 평균 수명은 67세밖에 되지 않는다. 몸에 좋은 운동을 거의 매일 하는 운동선수들이 다른 직업군에 비해 오래 살지 못한다는 것은 충격적이면서 아이러니한 일이다. 과한 운동은 오히려 스트레스에 노출돼 건강에 해롭다는 것을 입증하는 자료다.

과훈련 증후군 Overtraining syndrome이라는 증상이 있다. 주로 지구성 운동선수들 사이에서 널리 알려졌다. 지구성 선수들은 훈련량이 너무 과한 나머지 넘쳐났던 엔도르핀이 운동으로는 더는 나오지 않는 지경에 이른다. 대신에 보상저울이 한계에 다다라 작동을 멈춘 듯이, 고갈된 느낌과 불쾌감만 느끼게 된다.[130] 최근에는 지구성 운동선수뿐만 아니라 여러 종목에서 활동하는 선수들에게서도 이러한 증상이 나타나고 있다. 운동을 오래 할수록, 과하게 할수록 이러한 증상에 노출되기 쉽다. 과도한 운동의 부작용이다. 무엇이든 과해서 좋을 것이 없다.

우리 뇌에는 '노력과 보상'이라는 보이지 않는 양팔 저울이 있다. 노력과 보상의 비율이 균등하면 균형이 유지되지만, 어느 한쪽이 늘어나거나 줄면 양팔 저울의 균형은 깨진다. 노력이 보상보다 많으면 열망 에너지를 충전하지 못해 앞으로 나아갈 동력을 상실하고, 보상이 노력보다 많으면 목표의식이 흐릿해지거나 나태해지기 쉽다. 결국, 최선의 노력에 걸맞은 보상이 이루어졌을 때 우리 뇌는 가장 많은 열망과 가장 높은 집중력을 발휘하며 최고의 실적을 올릴 수 있도록 돕는다. 그때가 육체적, 정신적으로 가장 건강한 상태이며, 골프를 오랫동안 건강하게 즐길 수 있는 조건이다. 〈끝〉

이글 포즈

2018년 교촌 허니 레이디스 오픈에 출전한 김아림이 이글을 잡은 뒤 포즈를 취해 보였다. 이글 따위는 아무것도 아니라는 듯 여유만만한 모습이다. 높은 자존감이 그대로 드러나는 파워 포즈다.

주

1. Larry Dorman, 〈Cause of the Yips Is Debated, but the Effect Isn't〉, 《The New York Times》, 2011.
2. 베셀 반 데어 콜크 저, 『몸은 기억한다』, 을유문화사, 2020년, 71쪽.
3. 캐럴라인 윌리엄스 저, 『움직임의 뇌과학』, 갤리온, 2021년, 96쪽.
4. 전홍진 저, 『매우 예민한 사람들을 위한 책』, 글항아리, 2020년, 72~73쪽.
5. 캐럴라인 윌리엄스 저, 『움직임의 뇌과학』, 갤리온, 2021년, 96쪽.
6. 가키기 류스케 저, 『뇌 안에 잠든 기억력을 깨워라』, 매일경제신문사, 2016년, 197쪽.
7. 데이비드 애덤 저, 『나는 천재일 수 있다』, 미래앤, 2019년, 228~229쪽.
8. 데이비드 애덤 저, 『나는 천재일 수 있다』, 미래앤, 2019년, 229~230쪽.
9. 이케가야 유지 저, 『교양으로 읽는 뇌과학』, 은행나무, 2005년, 130~131쪽.
10. 오상민 저, 『일본 열도를 뒤흔든 한국의 골프 여제들』 2021년, 소명출판, 283쪽.
11. 리타 카터 저, 『인간의 뇌』, 김영사, 2020년, 162쪽.
12. 헤이든 핀치 저, 『게으른 완벽주의자를 위한 심리학』, 시크릿하우스, 2022년, 175쪽.
13. 대니얼 코일 저, 『탤런트 코드』, 웅진지식하우스, 2021년, 369쪽.
14. 캐럴라인 윌리엄스 저, 『움직임의 뇌과학』, 갤리온, 2021년, 86쪽.
15. 캐서린 러브데이 저, 『나는 뇌입니다』, 행성비, 2016년, 127~128쪽.
16. 캐럴라인 윌리엄스 저, 『움직임의 뇌과학』, 갤리온, 2021년, 58~59쪽.
17. 캐럴라인 윌리엄스 저, 『움직임의 뇌과학』, 갤리온, 2021년, 58~59쪽.
18. 조안 베르니코스 저, 『움직임에 중력을 더하라』, 한문화멀티미디어, 2021년, 186쪽.
19. 조안 베르니코스 저, 『움직임에 중력을 더하라』, 한문화멀티미디어, 2021년, 57쪽.
20. 캐럴라인 윌리엄스 저, 『움직임의 뇌과학』, 갤리온, 2021년, 156쪽.
21. 캐럴라인 윌리엄스 저, 『움직임의 뇌과학』, 갤리온, 2021년, 133쪽.
22. 정헌순·홍준희 저, 『당신은 멘탈을 볼 수 있는가?』, 대한미디어, 2015년, 34쪽.
23. 아리아나 허핑턴 저, 『수면 혁명』, 민음사, 2016년, 306~307쪽.
24. 박솔 저, 『잠이 부족한 당신에게 뇌과학을 처방합니다』, 궁리출판, 2022년, 44~45쪽.

25	박솔 저, 『잠이 부족한 당신에게 뇌과학을 처방합니다』, 궁리출판, 2022년, 45~46쪽.	
26	제니퍼 헤이스 저, 『운동의 뇌과학』, 현대지성, 2023년, 207쪽.	
27	제니퍼 헤이스 저, 『운동의 뇌과학』, 현대지성, 2023년, 209~210쪽.	
28	전홍진 저, 『매우 예민한 사람들을 위한 책』, 글항아리, 2020년, 286~289쪽.	
29	캐럴라인 윌리엄스 저, 『움직임의 뇌과학』, 캘리온, 2021년, 215~216쪽.	
30	테오 컴퍼놀 저, 『너무 재밌어서 잠 못 드는 뇌과학』, 도서출판 아름다운사람들, 2020년, 83쪽.	
31	캐럴라인 윌리엄스 저, 『움직임의 뇌과학』, 캘리온, 2021년, 195쪽.	
32	고다마 미쓰오 저, 『아주 작은 목표의 힘』, 스몰빅미디어, 2019년, 247쪽.	
33	전홍진 저, 『매우 예민한 사람들을 위한 책』, 글항아리, 2020년, 290쪽.	
34	전홍진 저, 『매우 예민한 사람들을 위한 책』, 글항아리, 2020년, 291쪽.	
35	양은우 저, 『처음 만나는 뇌과학 이야기』, 카시오페아, 2016년, 33쪽.	
36	캐럴라인 윌리엄스 저, 『움직임의 뇌과학』, 캘리온, 2021년, 12쪽.	
37	마크 밀스테인 저, 『브레인 키핑』, 웅진지식하우스, 2023년, 177쪽.	
38	제니퍼 헤이스 저, 『운동의 뇌과학』, 현대지성, 2023년, 201쪽.	
39	마크 밀스테인 저, 『브레인 키핑』, 웅진지식하우스, 2023년, 177쪽.	
40	한진규 저, 『잠이 인생을 바꾼다』, 팝콘북스, 2006년, 163~164쪽.	
41	마크 밀스테인 저, 『브레인 키핑』, 웅진지식하우스, 2023년, 177쪽.	
42	브라이언 오서 저, 『한 번의 비상을 위한 천 번의 점프』, 웅진지식하우스, 2009년, 53~54쪽.	
43	크리스토퍼 M. 팔머 저, 『브레인 에너지』, 심심, 2024년, 141쪽.	
44	데이비드 애덤 저, 『나는 천재일 수 있다』, 미래앤, 2019년, 206쪽.	
45	캐럴라인 윌리엄스 저, 『움직임의 뇌과학』, 캘리온, 2021년, 60쪽.	
46	웬디 스즈키 저, 『체육관으로 간 뇌과학자』, 북라이프, 2019년, 258쪽.	
47	박솔 저, 『잠이 부족한 당신에게 뇌과학을 처방합니다』, 궁리출판, 2022년, 23쪽.	
48	가키기 류스케 저, 『뇌 안에 잠든 기억력을 깨워라』, 매일경제신문사, 2016년, 159~160쪽.	
49	미하엘 마데하 저, 『뇌에 관한 작은책』, 도서출판 새터, 2011년, 149쪽.	
50	대니얼 코일 저, 『탤런트 코드』, 웅진지식하우스, 2021년, 369~370쪽.	
51	양은우 저, 『처음 만나는 뇌과학 이야기』, 카시오페아, 2016년, 169쪽.	
52	이상현 저, 『뇌를 들여다보니 마음이 보이네』, 미래의창, 2020년, 53쪽.

53	이상현 저, 『뇌를 들여다보니 마음이 보이네』, 미래의창, 2020년, 82쪽.
54	앨릭스 코브 저, 『우울할 땐 뇌 과학』, 도서출판 푸른숲, 2018년, 165쪽.
55	크리스토퍼 M. 팔머 저, 『브레인 에너지』, 심심, 2024년. 388쪽.
56	대니얼 G. 에이멘 저, 『뇌는 답을 알고 있다』, 도서출판 부키, 2010년, 233쪽.
57	전홍진 저, 『매우 예민한 사람들을 위한 책』, 글항아리, 2020년, 136~139쪽.
58	제니퍼 헤이스 저, 『운동의 뇌과학』, 현대지성, 2023년, 7쪽.
59	이대열 저, 『지능의 탄생』, 바다출판사, 2017년, 164쪽.
60	양은우, 『처음 만나는 뇌과학 이야기』, 카시오페아, 2016년, 170쪽.
61	양은우, 『처음 만나는 뇌과학 이야기』, 카시오페아, 2016년, 171쪽.
62	이케가야 유지 저, 『교양으로 읽는 뇌과학』, 은행나무, 106~109쪽.
63	캐서린 러브데이 저, 『나는 뇌입니다』, ㈜행성비, 2016년, 284쪽.
64	밥 로텔라 저, 『내 생애 최고의 샷』, 예문당, 2023년, 31쪽.
65	제니퍼 헤이스 저, 『운동의 뇌과학』, 현대지성, 2023년, 215쪽.
66	카지무라 나오후미 저, 『수면습관이 건강을 좌우한다』, 삼호미디어, 2013년, 44쪽.
67	대니얼 G. 에이멘 저, 『뇌는 답을 알고 있다』, 도서출판 부키, 2010년, 197쪽.
68	대니얼 G. 에이멘 저, 『뇌는 답을 알고 있다』, 도서출판 부키, 2010년, 199~200쪽.
69	제니퍼 헤이스 저, 『운동의 뇌과학』, 현대지성, 2023년, 134~135쪽.
70	윤혜진, 〈"싫어하는 걸 견디고 계속 할 수 있어야 진짜 집중력" 한덕현 교수〉, 《여성동아》, 2024년 8월 9일자.
71	캐럴라인 윌리엄스 저, 『움직임의 뇌과학』, 캘리온, 2021년, 93쪽.
72	대니얼 코일 저, 『탤런트 코드』, 웅진지식하우스, 2021년, 356쪽.
73	대니얼 코일 저, 『탤런트 코드』, 웅진지식하우스, 2021년, 331쪽.
74	양은우 저, 『처음 만나는 뇌과학 이야기』, 카시오페아, 2016년, 161쪽.
75	이종철 저, 『퍼펙트 멘탈』, 예문당, 2023년, 128쪽.
76	이종철 저, 『퍼펙트 멘탈』, 예문당, 2023년, 60쪽.
77	밥 로텔라 저, 『내 생애 최고의 샷』, 예문당, 2023년, 44쪽.
78	샌드라 블레이크슬리·매슈 블레이크슬리 저, 『뇌 속의 신체지도』, 이다미디어, 2011년, 7쪽.
79	양은우 저, 『처음 만나는 뇌과학 이야기』, 카시오페아, 2016년, 165쪽.
80	리타 카터 저, 『인간의 뇌』, 김영사, 2020년, 123쪽.
81	찰스 두히그 저, 『습관의 힘』, 갤리온, 2012년, 166쪽.

82	양은우 저, 『처음 만나는 뇌과학 이야기』, 카시오페아, 2016년, 164쪽.
83	권영희, 〈생각만으로 움직인다… 마비 환자에 찾아온 기적〉, 2025년, 3월 29일자 YTN 보도.
84	대니얼 G. 에이멘 저, 『뇌는 답을 알고 있다』, 도서출판 부키, 2010년, 195쪽.
85	앨릭스 코브 저, 『우울할 땐 뇌 과학』, 도서출판 푸른숲, 2018년, 200쪽.
86	찰스 두히그 저, 『습관의 힘』, 갤리온, 2012년, 96쪽.
87	크리스토퍼 M. 팔머 저, 『브레인 에너지』, 심심, 2024년. 382쪽.
88	카야 노르뎅옌 저, 『내가 왜 이러나 싶을 땐 뇌과학』, 누비페이퍼, 2019년, 266~267쪽.
89	크리스토퍼 M. 팔머 저, 『브레인 에너지』, 심심, 2024년. 140쪽.
90	미하엘 마데하 저, 『뇌에 관한 작은책』, 도서출판 새터, 2011년. 150~151쪽.
91	양은우 저, 『처음 만나는 뇌과학 이야기』, 카시오페아, 2016년, 42쪽.
92	제임스 굿윈 저, 『건강의 뇌과학』, 현대지성, 2022년, 176~177쪽.
93	크리스틴 윌르마이어 저, 『브레인 리부트』, 부키, 2023년, 175쪽.
94	헤이든 핀치 저, 『게으른 완벽주의자를 위한 심리학』, 시크릿하우스, 2022년, 174쪽.
95	고다마 미쓰오, 〈완벽한 라운드를 이끄는 것은 '무의 경지'〉, 《슈퍼골프》, 2006년 10월호.
96	리타 카터 저, 『인간의 뇌』, 김영사, 2020년, 116쪽.
97	리타 카터 저, 『인간의 뇌』, 김영사, 2020년, 116쪽.
98	찰스 두히그 저, 『습관의 힘』, 갤리온, 2012년, 97~99쪽.
99	밥 로텔라 저, 『내 생애 최고의 샷』, 예문당, 2023년, 146~147쪽.
100	데이비드 애덤 저, 『나는 천재일 수 있다』, 미래앤, 2019년, 231쪽.
101	캐럴라인 윌리엄스 저, 『움직임의 뇌과학』, 갤리온, 2021년, 68쪽.
102	웬디 스즈키 저, 『체육관으로 간 뇌과학자』, 북라이프, 2019년, 279쪽.
103	조안 베르니코스 저, 『움직임에 중력을 더하라』, 한문화멀티미디어, 2021년, 47~48쪽.
104	제임스 굿윈 저, 『건강의 뇌과학』, 현대지성, 2022년, 70~71쪽.
105	크리스토퍼 켐프 저, 『뇌, 가장 위대한 내비게이션』, 위즈덤하우스, 2024년, 195쪽.
106	카야 노르뎅옌 저, 『내가 왜 이러나 싶을 땐 뇌과학』, 누비페이퍼, 2019년, 190쪽.
107	양은우 저, 『처음 만나는 뇌과학 이야기』, 카시오페아, 2016년, 112쪽.
108	대니얼 G. 에이멘 저, 『뇌는 답을 알고 있다』, 도서출판 부키, 2010년, 192쪽.

109	조현 저, 『평범한 내 아이 스포츠 영재 만들기』, 신사우동 호랑이, 2022년, 240쪽.
110	조현 저, 『평범한 내 아이 스포츠 영재 만들기』, 신사우동 호랑이, 2022년, 240쪽.
111	오상민, 〈[오상민의 사람수첩] 선수에서 지도자 겸 사업가로 변신한 강욱순, "힘들지만 큰 보람 느껴"〉, 《관광레저신문》, 2022년 11월 3일자.
112	캐럴라인 윌리엄스 저, 『움직임의 뇌과학』, 캘리온, 2021년, 160쪽.
113	캐럴라인 윌리엄스 저, 『움직임의 뇌과학』, 캘리온, 2021년, 169쪽.
114	헤이든 핀치 저, 『게으른 완벽주의자를 위한 심리학』, 시크릿하우스, 2022년, 56~57쪽.
115	헤이든 핀치 저, 『게으른 완벽주의자를 위한 심리학』, 시크릿하우스, 2022년, 102쪽.
116	대니얼 코일 저, 『탤런트 코드』, 웅진지식하우스, 2021년, 312쪽.
117	리타 카터 저, 『인간의 뇌』, 김영사, 2020년, 210쪽.
118	송현준 저, 『커넥톰, 뇌의 지도』, 김영사, 2014년, 201쪽.
119	양은우 저, 『처음 만나는 뇌과학 이야기』, 카시오페아, 2016년, 72쪽.
120	대니얼 코일 저, 『탤런트 코드』, 웅진지식하우스, 2021년, 361쪽.
121	캐럴라인 윌리엄스 저, 『움직임의 뇌과학』, 캘리온, 2021년, 156쪽.
122	대니얼 코일 저, 『탤런트 코드』, 웅진지식하우스, 2021년, 21쪽.
123	대니얼 코일 저, 『탤런트 코드』, 웅진지식하우스, 2021년, 263~264쪽.
124	장원청 저, 『심리학을 만나 행복해졌다』, 미디어숲, 2021년, 311쪽.
125	대니얼 코일 저, 『탤런트 코드』, 웅진지식하우스, 2021년, 386~387쪽.
126	제니퍼 헤이스 저, 『운동의 뇌과학』, 현대지성, 2023년, 56쪽.
127	캐롤 하트 저, 『세로토닌의 비밀』, 미다스북스, 2010년, 267쪽.
128	제니퍼 헤이스 저, 『운동의 뇌과학』, 현대지성, 2023년, 46~47쪽.
129	캐롤 하트 저, 『세로토닌의 비밀』, 미다스북스, 2010년, 267~268쪽.
130	애나 렘키 저, 『도파민 네이션』, 흐름출판, 2022년, 202쪽.